# Violeta

## Happy Baker

Papel certificado por el Forest Stewardship Council®

Primera edición: octubre de 2020

© 2020, Violeta Díaz
© 2020, Penguin Random House Grupo Editorial, S. A. U.
Travessera de Gràcia, 47-49. 08021 Barcelona

Printed in Spain — Impreso en España

ISBN: 978-84-17752-27-9          33614082328104
Depósito legal: B-11.577-2020

Compuesto por Roser Colomer
Impreso en Gráficas 94, S.L.
Sant Quirze del Vallès (Barcelona)

DO 5 2 2 7 9

Penguin
Random House
Grupo Editorial

# Violeta
## Happy Baker

fácil, dulce, alegre y saludable

Grijalbo

# índice general

Prólogo  6

Presentación  8

Ideas, trucos y consejos para empezar  14

Bebidas vegetales  26

Cremas y mantecas  42

Bombones y caprichos  56

Horneados y esponjosos  72

Bases para tartas   102

Cremas para cupcakes y tartas   114

Galletas   140

Postres en vasito y helados   160

Agradecimientos   187

Índice de recetas   188

Ingredientes principales   190

# Prólogo

Violeta y yo nos conocimos hace un año y medio, justo cuando empecé a intentar cambiar mi estilo de vida, y gracias ella lo conseguí.

Os pongo en situación. Hace tres años empecé a trabajar con mi nutricionista (Johnny Ondina); él hace muchas analíticas para controlar que todo esté bien, y en una de ellas vio algo que no funcionaba bien: mi riñón estaba haciendo un sobreesfuerzo y si seguía así pronto tendría problemas. Entonces llegamos a la conclusión de que tenía que cambiar mi dieta. Pasaría de comer de todo a ser ovovegetariano, un cambio que pensaba que iba a ser más fácil de lo que en realidad fue. Es cierto que si no estuviera viviendo con mi pareja habría sido casi imposible, porque soy bastante limitado a la hora de hacer este tipo de platos.

Unos meses después de comenzar con la dieta, me di cuenta de que mi pareja pasaba más tiempo cocinando mi comida que disfrutando de su vida, así que decidí buscar ayuda, pregunté a muchos chefs, entre ellos a Roberto (chef Bosquet), que fue quien me recomendó a Violeta.

Nos puso en contacto y, después de hablar por WhatsApp, quedamos para vernos y me encontré a una chica tímida e introvertida, pero su sonrisa transmitía mucha energía positiva —haciendo honor a su nombre de usuario en las redes sociales—, y fue entonces cuando decidí que entrara en mi vida. Poco a poco, su forma de ser y cocinar hicieron que fuese una pieza fundamental para mí.

Ahora es mucho más que una persona que trabaja para mí, y me siento orgulloso del feeling que tenemos y de la confianza que hemos creado. Esa confianza, y sobre todo mi sinceridad (también que soy un goloso al que le encantan la comida saludable y los postres), fue lo que hizo que me propusiera ser su catador. No sabéis la alegría que me dio que me dijera eso, podría comer muchos platos riquísimos, siempre que tuvieran cabida en mi dieta.

Cuando me dijo que estaba escribiendo su primer libro, me alegré muchísimo de que fuera tan valiente y fuera capaz de dedicarse a lo que realmente le hace feliz.

En este libro hay muchísimas recetas, y si tuviera que elegir entre ellas sería realmente difícil quedarme con una, pero creo que ahora mismo sería la tarta de no chocolate blanco. Es mi postre preferido en estos últimos meses, además de ser vegano es saludable (¡siempre que no te la comas entera y dejes algo para los demás!).

Me hace muy feliz que todo el mundo pueda disfrutar de estas recetas. Estoy seguro de que os van a encantar.

**SAÚL ÑÍGUEZ ESCLÁPEZ**

He construido tres viviendas unifamiliares, he colaborado en varios proyectos y gané algún premio en concursos de ideas donde seleccionan al arquitecto a través de una lámina que cuenta cómo ha imaginado el proyecto.

Esta es una de las maquetas que hice durante la carrera que aún tenía guardada.

Creo que la carrera de Arquitectura es tan creativa que te da mil posibilidades además de la de ser arquitecta.

El formato de las recetas de Instagram con fotos y todo lo necesario concentrado en un cuadradito viene de las láminas resumen que había que entregar sobre cada proyecto durante la carrera; tenía que atraer el interés y contar lo básico del proyecto.

Una vez hice una maqueta con gominolas. Para mí no es tan raro cambiar maquetas por tartas, en las dos se busca un resultado bonito, están superplaneadas antes de empezar a construir, se crean pensando en la persona que las va a disfrutar, para que produzcan sensaciones y ambas tienen que mantenerse en pie.

# Soy arquitecta

Empecé con algunos cursos de fotografía y acabé con el título de técnico superior en Imagen.

Me encantan los concursos de fotografía, gané varios premios y dos de mis fotos estuvieron expuestas en el festival Mad Cool.

He trabajado de fotógrafa para una marca de ropa, en triatlones y otras carreras, en alguna boda, en cenas de empresa y hasta con el paje de los Reyes Magos.

Todo lo creativo me encanta: empecé con clases de pintura a los cinco años, aprendí a hacer ganchillo un verano con mi abuela, sé dibujar patrones de ropa a medida y hasta he construido decorados y escenografías de cartón (uno tenía tres metros de alto).

También he dado clases de fotografía a adultos, jóvenes y a grupos de niños de seis años.

Si en algún momento tienes la oportunidad de revelar fotos desde los negativos, no te lo pierdas, es mágico.

Cuando me dijeron que además de las recetas tenía que hacer unas páginas hablando de mí, no puede evitar imaginarme dentro de una de mis recetas con las flechitas y los ingredientes que me componen.

También
estudié fotografía

En mi familia casi todos son maestros. Yo llevaba años dando clases particulares de dibujo y mates, cuando surgió la posibilidad de dar cursos en el centro de juventud de un ayuntamiento. Preparé una propuesta de cursos de repostería, cupcakes, galletas y tartas de fondant, que estaban súper de moda. Les gustó y empecé con varios grupos de diez alumnos de unos catorce años. Como funcionaban muy bien, ampliamos la edad y preparé cursos para niños y adultos.

He dado cursos en varios ayuntamientos, muchas veces sin cocina, en salas donde solo había mesas y sillas, pero la ilusión, las ganas y la creatividad hacían que el curso saliera adelante.

Creé la cuenta de Instagram en 2015, pero aún no era de temática saludable; se fue transformando poco a poco, como yo.

Las primeras recetas saludables fueron experimentos basados en recetas tradicionales de bizcochos o galletas: reducía o cambiaba el azúcar por otros endulzantes que en ese momento creía que eran sanos, ponía harina integral, pero el resultado, la verdad, es que no era muy bueno.

En 2016 me presenté a MasterChef, me seleccionaron para hacer el casting, no lo pasé, pero fue superdivertido, llevé una de mis primeras tartas saludables.

# Reinventarse

Después de darle muchas vueltas a cómo publicar en Instagram mis recetas de forma diferente y que además tuvieran mi toque personal, mi estilo, se me ocurrió juntar en una imagen la receta, la lista de ingredientes, los pasos para prepararla, algunas fotos; después aparecieron las flechas.

La cocina cada vez fue ganando más espacio en mi día a día, apareció la idea de que tal vez podría dedicarme a esto y poco a poco esa idea se fue haciendo real.

Descubrí los dátiles, no sé por qué pensaba que no me gustaban, pero resulta que sí, que ¡me encantan! Ahora quiero hacer todas las recetas con ellos, ¡hasta los utilizo en algunas recetas saladas!

Ese formato gustó, llamaba la atención, descubrí que cada vez que publicaba una, aparecían seguidores nuevos. Eso me animaba a hacer más, aunque me costaba mucho más trabajo y tiempo publicar las recetas así. La cuenta empezó a crecer.

Últimamente imagino la receta, le voy dando vueltas en la cabeza y cuando la preparo suele salir bien. Supongo que empiezo a conocer los ingredientes, cómo funcionan juntos y las combinaciones de sabores, después de tantos experimentos.

No recuerdo cómo se me ocurrió el nombre de Happy Baker. Siempre sonrío y me imagino que lo elegí porque empezaba a notar que esto me hacía feliz.

# Happy Baker

Cuando hacía fotos en las carreras, me encantaba lo contentos que llegaban todos a la meta, alguno hasta se había caído de la bici ¡y llegaba sonriendo! Empecé a correr porque quería saber qué se sentía al terminar una carrera.

Tiempo después me compré una bici y conseguí terminar dos duatlones.

Comencé a cambiar a un estilo de vida basado en una alimentación sana, hacer deporte y ser feliz. Mi afición por la repostería chocaba con esta nueva vida y aunque mucha gente decía que era imposible, decidí hacerlas encajar experimentando e inventando recetas dulces sin azúcar ni harinas refinadas y con ingredientes nutritivos y naturales.

Creo que la comida saludable tiene mucho más sabor que muchas recetas de siempre, sobre todo los postres. Hay dulces tradicionales que saben solo a azúcar y utilizando harinas integrales, dátiles, frutos secos, frutas, chocolate negro, el sabor es más intenso, no es solo dulce.

Correr es mi rato de pensar, algunas recetas se me han ocurrido corriendo.

Lo mejor del running son las amigas que he hecho, que me animan a apuntarme a todas las actividades y carreras.

# Vida saludable

Yo no entreno, corro, prefiero salir a mi aire, tener todo planificado me estresa. Si me apetece, voy por el camino largo, el de las cuestas, o me doy la vuelta ya.

Me encantan las fotos saltando, sobre todo al llegar a la meta de las carreras.

Corrí media maratón disfrazada de plátano, lo más importante es disfrutar la carrera, chocar las manos de los niños del público, llegar a la meta sonriendo y hacerse fotos.

Digo que no tengo manías de runner, pero voy con gorra aunque esté nublado, tengo mi forma especial de atar las zapatillas y el color rosa me encanta, cuando de pequeña no me gustaba nada.

El tiempo y la velocidad no son lo más importante, pero también he corrido carreras a tope mirando el reloj sin parar. ¡En la carrera popular del pueblo de al lado quedé tercera!

# Happy runner

# Ideas, trucos y consejos para empezar

He intentado que todos los ingredientes menos conocidos, raros o difíciles de conseguir sean opcionales, pero todo depende de qué es raro para cada uno y de si nuestro entorno nos ha facilitado ver, conocer o probar ese ingrediente.

# Ingredientes raros
## harina de unicornio...

No pasa nada por no conocer un ingrediente, simplemente no se dio la casualidad de conocerlo hasta ahora y tenemos la suerte de llevar internet en la palma de la mano para informarnos sobre él, pero siempre asegúrate de que la información que lees viene de una fuente fiable.

 Si es raro y es opcional, no lo compres, infórmate y decide sin prisa si lo necesitas o si lo utilizarás más veces. A nadie le gusta gastar dinero en algo y que se estropee entero sin utilizarlo.

 Si alguno de los que te parecen raros no es opcional, seguro que encontramos la forma de conocerlo o sustituirlo, no dudes en contactar conmigo a través de Instagram y si puedo ayudarte, lo haré.

Mi endulzante favorito son los dátiles y se los pongo a todo, enteros, triturados al mismo tiempo que preparo la masa, en caramelo o en polvo.

Puedes utilizar otros endulzantes si lo prefieres, pero tendrás que calcular la cantidad para cada receta añadiendo un poquito, probando la masa y añadiendo más si es necesario.

# Endulzantes
## dátiles, dátiles o dátiles

También puedes sustituir los dátiles por pasas o ciruelas, pero no son tan dulces.
Algunos dátiles vienen bañados en glucosa, comprueba la lista de ingredientes.

La receta para hacer el caramelo de dátiles la tienes en la página 45. Casi todas las recetas están pensadas para hacerse con este endulzante, ya que es sencillo de preparar y conservar.

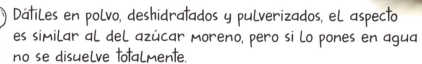

Dátiles en polvo, deshidratados y pulverizados, el aspecto es similar al del azúcar moreno, pero si lo pones en agua no se disuelve totalmente.
Tiene la ventaja de que al ser un producto seco dura mucho más tiempo que los dátiles, pero es bastante más caro.
Asegúrate de que sus ingredientes son solo dátiles.

Las harinas con gluten crean bizcochos más altos y esponjosos que las sin gluten, que a veces hacen que el bizcocho parezca húmedo o poco cocinado, pero es recomendable reducir la cantidad de gluten que consumimos. Si no consigues acostumbrarte a la textura diferente de los bizcochos sin gluten, puedes poner mitad harina con y mitad sin: tendrás esponjosidad y contendrá menos gluten.

# Harinas
## Con gluten, sin o de frutos secos

Elige siempre harinas integrales.

La harina de coco y la de garbanzos son harinas especiales, no pueden utilizarse o sustituirse en cualquier receta, ya que son mucho más densas y el resultado podría ser difícil de tragar :) Si las quieres utilizar, lo ideal es combinar mitad de estas y mitad de otra más ligera como la de arroz, avena, trigo o espelta, integrales siempre.

La harina de avena puedes hacerla triturando copos de avena.

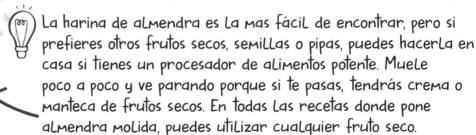

La harina de almendra es la mas fácil de encontrar, pero si prefieres otros frutos secos, semillas o pipas, puedes hacerla en casa si tienes un procesador de alimentos potente. Muele poco a poco y ve parando porque si te pasas, tendrás crema o manteca de frutos secos. En todas las recetas donde pone almendra molida, puedes utilizar cualquier fruto seco.

EL polvo de hornear es un impulsor químico que se activa cuando ponemos la masa en el horno caliente. Se utiliza sobre todo en repostería y no necesita tiempo de levado. Al ser químico es preferible poner la cantidad justa. Hay recetas antiguas que entre sus ingredientes incluyen un sobre entero, así se aseguran de que sube mucho; con menos cantidad también sale bien y el resultado será más sano.

# Impulsores
## levadura, bicarbonato, polvo de hornear

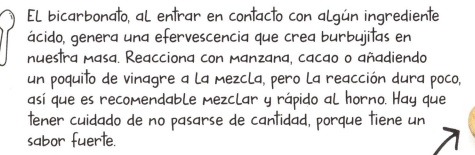

 El bicarbonato, al entrar en contacto con algún ingrediente ácido, genera una efervescencia que crea burbujitas en nuestra masa. Reacciona con manzana, cacao o añadiendo un poquito de vinagre a la mezcla, pero la reacción dura poco, así que es recomendable mezclar y rápido al horno. Hay que tener cuidado de no pasarse de cantidad, porque tiene un sabor fuerte.

La levadura, fresca o seca, empieza a inflar nuestras masas a temperatura ambiente lentamente, le encantan las harinas con gluten y los días calurosos. Se utiliza para pan, pizzas y para el roscón de Reyes. Hay que dejarla levar varias horas; si pones la masa en el horno demasiado pronto, no subirá apenas y el resultado podría ser indigesto.

 Aunque a veces le llamamos levadura a todo, hay que diferenciarlas, ya que no valen todas para cualquier receta.

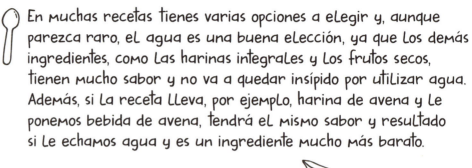

En muchas recetas tienes varias opciones a elegir y, aunque parezca raro, el agua es una buena elección, ya que los demás ingredientes, como las harinas integrales y los frutos secos, tienen mucho sabor y no va a quedar insípido por utilizar agua. Además, si la receta lleva, por ejemplo, harina de avena y le ponemos bebida de avena, tendrá el mismo sabor y resultado si le echamos agua y es un ingrediente mucho más barato.

# Líquidos
## Leche, agua o bebida vegetal

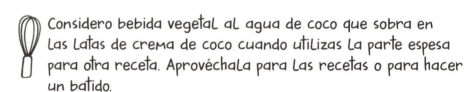

Considero bebida vegetal al agua de coco que sobra en las latas de crema de coco cuando utilizas la parte espesa para otra receta. Aprovéchala para las recetas o para hacer un batido.

Si preparas crema de frutos secos, antes de lavar el vaso de la batidora, ponle medio litro de agua, bate de nuevo, filtra o cuela con un colador fino y tendrás una bebida vegetal genial, y el vaso será mucho más fácil de limpiar.

Prueba a poner zumo de naranja o una infusión en las recetas de bizcochos.

En algunas recetas indico que necesitas crema de coco espesa
o de lata, no nos vale bebida vegetal de coco porque es líquida,
y queremos algo tipo queso crema o nata.

La lata light no vale para estas recetas: al llevar menos grasa,
no endurece y no obtendremos el resultado que buscamos.

# Crema de coco
## La espesa, la de lata

 En las latas suele venir pulpa y agua de coco mezcladas.
Intenta elegir una que no tenga muchos más ingredientes
que estos dos.

Para separar la parte espesa que necesitamos para casi
todas las recetas, hay que enfriar bien la lata. Yo la
guardo en el frigorífico cuando la compro y así siempre
que la necesito está fría y se separa muy bien.

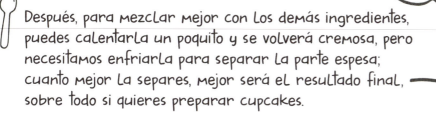

Después, para mezclar mejor con los demás ingredientes,
puedes calentarla un poquito y se volverá cremosa, pero
necesitamos enfriarla para separar la parte espesa;
cuanto mejor la separes, mejor será el resultado final,
sobre todo si quieres preparar cupcakes.

Puedes sustituirla por queso crema o queso mascarpone,
y en algunos casos también por yogur.

Los bizcochos cambian mucho según los ingredientes que utilices. Con huevo serán más esponjosos que con las semillas de lino o chía. Si utilizas harinas con gluten subirán más que si las utilizas sin gluten.

Un truco para compensar esto es poner una pizquita más de polvo de hornear si lo preparas sin huevo o sin gluten.

# Galletas y bizcochos
## ideas y consejos

Si quieres galletas saludables, tienes que olvidarte del crujido típico de las galletas porque es el azúcar el que se lo da.

Nada más salir del horno, todas las galletas son blanditas y hay que manejarlas con cuidado porque se rompen fácilmente. Al enfriarse se volverán más duras y crujientes, pero al llevar dátiles no duran así mucho tiempo, enseguida se ablandan. Si las quieres «siempre» crujientes, puedes dejarlas poco hechas y rehornear un par de minutos más antes de comerlas o congelarlas listas para sacar y hornear solo las que vayas a comer.

Si consigues dátiles en polvo, es posible que tus galletas sean más crujientes que si las preparas con caramelo de dátiles.

Otro truco que las hace un poquito más crujientes es hornear el tiempo indicado en la receta, darles la vuelta con cuidado y hornear unos minutos más vigilando que no se quemen.

He separado las recetas de las bases de tartas y las cremas o rellenos porque así tienes un montón de combinaciones posibles y es más fácil que el resultado esté a tu gusto. Espero que a ti también te parezca buena idea.

Elige una base, la parte de arriba de la tarta y deja libre a tu creatividad en la decoración.

# Tartas
## ideas y consejos

Puedes combinar dos recetas de tartas y preparar una con capas de dos sabores. Sé libre, experimenta y pásalo bien.

Para adaptar las cantidades a otro tamaño de molde circular, hay que hacer cálculos: divide el diámetro en centímetros de tu molde entre los del molde de la receta, multiplica el resultado por sí mismo y el número que salga por la cantidad en gramos de cada ingrediente. Esas son las cantidades para tu molde.

Si nunca has preparado una tarta y es para una fecha señalada, si es posible haz una de prueba varios días antes o por lo menos empieza el día anterior, con tiempo de sobra. Y no te olvides de que el ingrediente más importante es la paciencia.

Un truco: casi todas las recetas de tartas pueden hacerse en formato vasito, igual de rico y muchísimo más fácil de preparar. La receta de estos vasitos de fresa y frambuesa está en la página 166.

23

Huevo: se puede sustituir por una mezcla de semillas de lino o chía y agua. No vale para todas las recetas, está indicado en cuáles se puede cambiar.

La mezcla es una cucharada de semillas de lino o chía molidas y agua. La proporción es una cucharada de semillas y tres de agua; en gramos sería 5 g de semillas ya molidas y 30 ml de agua.

# Sustituciones
## ideas y consejos

Lácteos: todas las recetas del libro tienen la opción para sustituir los lácteos.

Gluten: todas las recetas tienen opción sin gluten excepto la del roscón de Reyes.

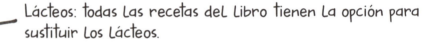

Frutos secos: siempre que son en trocitos o para decorar son opcionales. La almendra molida se puede sustituir por más harina o por coco rallado. Las cremas de frutos secos podrían sustituirse por yogur de leche o vegano, pero el resultado no será el mismo.

Dátiles: puedes sustituirlos por el endulzante que suelas utilizar, pero las cantidades no serán las mismas. Dependiendo de cada endulzante tendrás que añadirlo poco a poco e ir probando la mezcla hasta que te guste el nivel de dulzor.

Hasta esta página he utilizado estos dibujos de adorno, pero a partir de aquí cada uno añadirá información en las recetas.

# Las recetas
## dibujos

Las varillas añaden información o consejos para preparar la receta, aparte de los pasos numerados.

La cuchara nos cuenta las unidades que salen, el tamaño del molde, cómo conservar la receta y cuánto tiempo dura.

El rodillo marca los ingredientes que no querían salir en la foto, para evitar que se nos olviden.

Esta bombilla va al lado de las ideas para que la receta se transforme en otra o adaptarla a tu gusto.

El salero indica algunos ingredientes que son demasiado pequeños para salir bien en la foto, como especias, polvo de hornear, sal...

La jarra acompaña a los ingredientes líquidos sin foto, para que no se olviden.

# Bebidas vegetales

# Bebida de frutos secos activados

Un litro de agua y un chorrito de zumo de limón o vinagre

Opcional: canela, vainilla y/o un dátil

150 g del fruto seco que más te guste o de varios combinados

Los frutos secos como almendras, nueces, avellanas, semillas de sésamo y girasol tienen unas barreras químicas que los protegen. Se llaman antinutrientes porque evitan que aprovechemos los minerales, vitaminas, proteínas, grasas o carbohidratos de los granos; también pueden provocar digestiones pesadas. El remojo (activación) inicia el proceso de germinación y hace que estos frutos suelten los antinutrientes en el agua. Este proceso se realiza mejor si el agua está caliente, destilada o filtrada y con un chorrito de limón o vinagre.

**1.** Remoja los frutos secos en agua caliente con un chorrito de limón o vinagre durante 8 o 10 horas. Pasado ese tiempo tira esa agua y enjuaga bien.

**2.** Añade medio litro de agua y bate hasta que se trituren del todo, pasa la mezcla por un colador finito y añade el otro medio litro. También puedes utilizar una tela tipo gasa para filtrarlo.

Si quieres endulzarlo, puedes poner un dátil antes de batir y vainilla o canela para darle un toque diferente.

No prepares demasiado, ya que no lleva conservantes. Durará unos 4 o 5 días en el frigorífico en una botella de cristal tapada.

Tienes recetas en las próximas páginas para aprovechar las migas sobrantes de preparar esta bebida vegetal.

Un litro
de agua

Puedes preparar esta receta
con una cucharada de crema
de anacardos

o con 100 g de anacardos

# Bebida de anacardos

Los anacardos contienen menos cantidad de los
llamados antinutrientes, así que si quieres puedes
preparar esta bebida sin remojarlos.
Si te gusta el sabor más intenso, puedes tostarlos
en el horno 8 o 10 minutos o en la sartén 2 minutos.

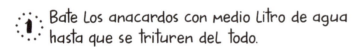

**1.** Bate los anacardos con medio litro de agua
hasta que se trituren del todo.

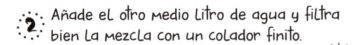

**2.** Añade el otro medio litro de agua y filtra
bien la mezcla con un colador finito.

Puedes añadir un dátil para endulzar.

No lleva conservantes, así que solo durará
unos 4 o 5 días en el frigorífico en una
botella de cristal tapada.

Un litro de
agua

100 g de
manteca de coco
(receta en
la página 49)

# Bebida de coco

**1** Si la manteca de coco está muy fría, caliéntala un poquito y bate bien los ingredientes unos minutos.

**2** Filtra la bebida vegetal con un colador fino. Dependiendo de la potencia de tu batidora es posible que no necesites este paso.

Consérvala en el frigorífico en una botella de cristal cerrada durante una semana.

# Chocolate cremoso

 Bate todos los ingredientes con medio litro de agua y después añade más agua, medio litro o hasta que el espesor esté a tu gusto.

Puedes tomarlo frío o caliente.
Pruébalo también con crema de avellanas.

15 g de crema de cacahuete →

Un litro de agua

1 o 2 dátiles →

25 g de anacardos →

8 g de cacao en polvo →

 Consérvala en el frigorífico en una botella de cristal cerrada. Dura unos 4 o 5 días. Salen 4 tazas de chocolate.

Es estimulante, activa la circulación.

Ayuda a la digestión, reduce la acidez estomacal, los gases y las náuseas.

Es antiinflamatoria, alivia molestias menstruales y dolores en músculos y articulaciones.

# Canela

Antibacteriana, desinfecta y ayuda a cicatrizar heridas.

Efecto termogénico, aumenta la temperatura corporal.

Propiedades expectorantes y antitusivas.

Ayuda a reducir los niveles de glucosa.

120 g de quinoa ya cocida

 También puedes preparar esta receta con arroz integral

 Un Litro de agua

Un trocito de cáscara de Limón sin La parte blanca

Canela, clavo y/o jengibre a tu gusto

# Bebida de quinoa

 EL peso de La quinoa en seco es aproximadamente de 50 g. Puedes cocer solo esta cantidad o cocer más y utilizar 120 g para esta receta y La quinoa que sobre para otras recetas.

**1** Pon La quinoa ya cocida en una cazuela con el agua, La cáscara de Limón, Las especias y, si quieres endulzar, un dátil o unas pasas.

**2** Caliéntalo hasta que empiece a hervir, apaga y deja enfriar unos minutos. Retira La cascara de Limón.

**3** Bate bien y cuela el Líquido.

 Guárdalo en una botella de cristal cerrada en el frigorífico, como máximo una semana.

Aumenta los niveles de endorfinas, dopamina y serotonina, las hormonas de la felicidad.

Ayuda a la digestión, antiácido natural.

Es antiinflamatoria, alivia molestias y dolores.

# Cúrcuma

Antiséptica, antivírica y antibacteriana.

Antioxidante y neuroprotectora, protege las células del cerebro del envejecimiento.

Rica en vitamina C, genial para la piel.

Pizca de jengibre

Un cuarto de cucharadita de canela

Pizca de cúrcuma

Pizquita de clavo

Opcional: una pizca de pimienta y una cucharadita de aceite de coco

150 mL de Leche o bebida de coco

# Bebida dorada

**1** Mezcla los ingredientes, las cantidades en este caso son a tu gusto. Si no sueles tomar jengibre o cúrcuma, pon muy poca cantidad, hasta que te vayas acostumbrando al sabor. Yo he puesto demasiada cúrcuma para que la foto se vea bien amarilla.

Puedes tomarla fría o caliente y si quieres endulza con miel.

¿Te atreves a añadir una pizquita de pimienta negra? Las grasas de la leche, el aceite de coco o la bebida de coco y la pimienta mejoran la absorción de la cúrcuma por nuestro organismo.

Combina cafeína y L-Teanina, nos activa más que el café, pero evitando el nerviosismo, genera un estado de alerta calmada.

La L-Teanina relaja la mente sin causar somnolencia, reduce el estrés y la ansiedad, y mejora la concentración.

Tiene un ligero efecto diurético.

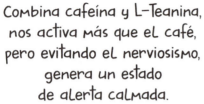

# Matcha

té verde en polvo

Tiene propiedades antibacterianas, evita el mal aliento.

Contiene catequinas y taninos que mejoran visiblemente la piel, su elasticidad, reduce el enrojecimiento y ayuda a combatir el acné.

Dátiles al gusto

Media cucharadita de matcha

150 ml de leche o bebida vegetal

# Matcha latte

**1** Bate bien los tres ingredientes, tómalo con la leche o bebida vegetal fría o caliente. Si no quieres endulzar, solo tienes que disolver el matcha. Se disuelve mejor en caliente.

 Si no has probado el matcha, ¡es muy amargo! Pon muy poquito hasta que te acostumbres a su sabor.

 Yo he puesto mucho para que en la foto se vea bien intenso el color.

Aumenta el rendimiento físico
en deportes de resistencia gracias
al óxido nítrico, vasodilatador capaz
de aumentar el flujo sanguíneo y
de favorecer la llegada de oxígeno
a los músculos.

Su pigmento
puede teñir
la orina,
¡no te asustes!

Rica en hierro y vitamina C,
que aumenta la absorción
del hierro.

# Remolacha

Alto contenido de ácido fólico,
genial para la buena salud
de piel, uñas y cabello.

Rica en flavonoides
y potente antioxidante.

Efecto prebiótico, ayuda a
mejorar la flora intestinal
y la fibra que contiene
evita el estreñimiento.

Un trocito de remolacha cocida, unos 20 g

Opcional: un poquito de vainilla

150 ml de leche o bebida vegetal

# Remolacha latte

1. Bate bien los ingredientes juntos y tómalo frío o caliente. Puedes prepararlo también con una cucharadita de jugo de remolacha en polvo.

# Cremas
## y mantecas

Son mi endulzante
y golosina
preferidos.

Incrementan la concentración,
la capacidad y agilidad mental.
Son geniales para los estudiantes.

Elevado aporte
de energía,
mejoran el rendimiento
deportivo.

# Dátiles

Alto contenido en fibra,
ayudan a prevenir
el estreñimiento.

Contienen hidratos de carbono, potasio, fósforo,
calcio, magnesio y ácido pantoténico necesario para
la asimilación de carbohidratos, proteínas y grasas.

150 mL de agua, leche, bebida vegetal o la infusión que más te guste

Opcional: vainilla, canela

250 g de dátiles

# Caramelo de dátiles

**1** Calienta el líquido que has elegido y remoja los dátiles en él unos 10 minutos.

**2** Bate muy bien la mezcla hasta que quede como caramelo líquido o mermelada.

Salen 400 g. Consérvalo en un tarro en el frigorífico. Dura aproximadamente una semana; puedes congelarlo en porciones en una cubitera para hielo.

Esta receta también se puede preparar con pasas o mezclar pasas y dátiles.

Poseen el doble de ácidos grasos monoinsaturados, los más beneficiosos para el sistema cardiovascular, que poliinsaturados y saturados. Su perfil de grasas es óptimo para controlar colesterol y triglicéridos.

Gran aporte de vitamina E, genial para la salud visual.

Llenos de cobre y magnesio, que escasean en nuestra dieta, además de hierro, zinc, fósforo y selenio.

# Anacardos

Contribuyen a la relajación, el buen estado del sistema nervioso y de los músculos.

Cada 100 g aportan 15 g de proteínas. Sus aminoácidos están en las proporciones ideales para su asimilación, lo que favorece la regeneración de los tejidos y el desarrollo de los procesos fisiológicos.

# crema de anacardos

300 g de anacardos

Lo ideal es tostar un poquito los anacardos, unos 8 minutos en el horno o 2 minutos en la sartén, y dejar que se enfríen bien antes de preparar la crema.

**1** Pon los anacardos en la procesadora o batidora y bate 30 segundos. Con una espátula de silicona, empuja la mezcla que se sube por las paredes del vaso de la batidora.

**2** Repite el paso 1 varias veces hasta que se transforme en crema.

Puedes preparar la crema con nueces de macadamia o con el fruto seco que más te guste.

Necesitarás una batidora potente y paciencia; la recomendación de parar cada 30 segundos es para evitar que se estropee la batidora. No pongas menos cantidad, ya que una vez triturados abultan menos, no llegarán a llenar el vaso de la batidora y no conseguirás hacer la crema.

Contiene gran cantidad
de nutrientes esenciales,
vitamina C, B1, B3 y
minerales, sobre todo
potasio, hierro y calcio.

El agua de coco es una
bebida isotónica natural,
hidrata, repone minerales,
alivia la acidez y las
molestias estomacales.

Potente antibacteriano
interna y externamente ,
genial para tratar infecciones
hongos o bacterias.

# Coco

Su aceite es perfecto para aportar
brillo e hidratación al cabello,
también hidrata la piel pero puede
obstruir los poros. Mejor utilizarlo
solo como desmaquillante o bálsamo
labial que como crema hidratante diaria.

Su riqueza en ácido
láurico ayuda a reducir
el colesterol malo, LDL,
y aumenta el bueno, HDL.

El aceite de coco
se mantiene
estable a altas
temperaturas,
es ideal
para cocinar.

Aunque te parezca mucha cantidad, el coco rallado abulta mucho y al transformarse en manteca reduce su tamaño. Con menos cantidad es complicado hacerlo porque cuando empiece a triturarse no llegará a las aspas de la batidora.

350 g de coco rallado

# Manteca de coco

**1** Pon el coco rallado en el vaso de la batidora o procesador y bate durante 30 segundos. Con una espátula de silicona, empuja el coco que se queda pegado en las paredes del vaso.

**2** Repite el paso 1 hasta que se transforme en una crema.

Guárdalo en un tarro de cristal cerrado, dentro o fuera del frigorífico.

100 g de dátiles remojados o caramelo de dátiles

Pizca de sal y un poquito de vainilla

250 g de boniato asado

45 g de crema de avellanas o del fruto seco que más te guste.

20 g de cacao en polvo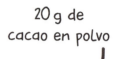

# Crema de chocolate

**1** Bate bien todos los ingredientes juntos.

**2** Prueba la mezcla y decide si quieres poner más cantidad de algún ingrediente; adáptala a tus gustos.

Consérvalo en un tarro cerrado en el frigorífico. Dura aproximadamente una semana.

 Encontrarás la receta de panecillo de manzana en la página 101.

Posee acciones analgésicas gracias a los terpenoides y a las saponinas, alivia las inflamaciones y dolores. Reduce estrés y cansancio, aumenta la resistencia anímica y física en momentos de ansiedad, depresión o agotamiento.

Regulador hormonal, ayuda a aliviar los síntomas del síndrome premenstrual y de la menopausia.

Hay quien la considera afrodisiaca, pero no hay estudios que lo confirmen.

# Maca

Tubérculo de los Andes deshidratado y pulverizado

Energética, aumenta la resistencia, el rendimiento deportivo y la recuperación, reduce el cansancio.

Ayuda a regular los ciclos de sueño y a que sea más profundo y reparador.

Rica en minerales (cobre, hierro, calcio y zinc) y en vitaminas del grupo B.

90 g de pasas rubias, dátiles o caramelo de dátiles

30 g de manteca de cacao

10 g de maca en polvo

Pizca de vainilla

100 g de crema de anacardos

# Crema de NoChocolate blanco

① Si utilizas pasas o dátiles enteros, remójalos 10 minutos, escúrrelos y bátelos con la crema de anacardos hasta que se trituren bien. Si utilizas caramelo de dátiles, no será necesario batir.

② Derrite la manteca de cacao y mezcla todos los ingredientes.

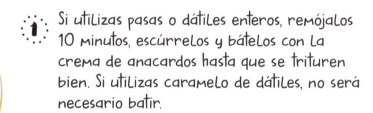

 Puedes prepararlo sin maca ni manteca de cacao, o sustituir la manteca por aceite de oliva o de coco; estará también muy rico, pero estos dos ingredientes son los que le dan el sabor a chocolate blanco.

Caramelo de dátiles al gusto

Opcional: vainilla o canela, y 2 o 3 cucharadas de semillas de chía

250 g de fresas

# Mermelada de fresas

**1** Lava y trocea las fresas.

**2** Coloca las fresas en una cazuela a fuego medio durante 8 o 10 minutos, ve removiendo y empezarán a soltar líquido y a ablandarse.

**3** Tritura con un tenedor si quieres que tenga trocitos o con robot de cocina si la prefieres sin. Añade las semillas de chía, harán que sea más gelatinosa y espesa, prueba y endulza si lo necesitas con el caramelo de dátiles.

Truco: si añades unas gotas de vinagre, se intensifica el sabor de las fresas.

Esta receta también se puede preparar con frambuesas, ciruelas, naranja, kiwi, peras... Consérvala en un tarro en el frigorífico durante 6 o 7 días. Se puede congelar.

Caramelo de
dátiles al gusto

Zumo y la cáscara
rallada de un
Limón y medio,
aproximadamente
60 g

2 huevos u
8 g de maicena
disuelta en 70 g
de agua, Leche
o bebida vegetal

50 g de mantequilla
o aceite de coco

Opcional: pizca de
cúrcuma para darle
más color amarillo

# Lemon curd

**1** Pon el zumo, la mantequilla y los huevos en una
cazuela al baño maría o en un recipiente apto
para microondas.

**2** Calienta removiendo con unas varillas. Si lo haces
en microondas, calienta un minuto, remueve y
repite varias veces; irá espesando y en 5 minutos
estará listo. Si al terminar tiene grumos, puedes
utilizar la batidora para que quede bien fino.

**3** Añade caramelo de dátiles a tu gusto y la
cáscara de Limón. Ten cuidado de rallar solo
la parte amarilla, la blanca hará que amargue.

Sale un tarro de aproximadamente 200 g.

 Si es para una tarta, no endulces demasiado;
como añadirás otros ingredientes después,
el sabor será mas suave.

# Bombones y caprichos

Es uno de los alimentos con mayor concentración de antioxidantes, reduce los signos de envejecimiento y tiene un impacto positivo en el funcionamiento cerebral y en la memoria.

Rico en magnesio, hierro y otros minerales, como calcio, fósforo, cobre, manganeso y, en menor medida, selenio, potasio y zinc.

Cardioprotector, su gran contenido en flavonoides regula la presión arterial y estimula la producción de óxido nítrico, que relaja los vasos sanguíneos.

# Cacao

Los flavonoides aumentan la elasticidad, hidratación y densidad de la piel, estimulan la circulación en la piel contribuyendo a la fotoprotección endógena y a un cabello más fuerte y brillante.

Neuroprotector, mejora la memoria y la capacidad de aprendizaje. La epicatequina y la catequina han demostrado tener beneficios en la prevención del alzhéimer.

100 g de chocolate

50 g de crema de avellanas

40 g de almendra molida

Un puñadito de avellanas

30 g de caramelo de dátiles

25 g de cacao en polvo

# Bombones de avellana

**1** Mezclamos la crema de avellanas con el caramelo de dátiles, la almendra molida y el cacao en polvo hasta que se puedan formar bolitas. Es el momento de probar y añadir, si quieres, más caramelo o cacao.

**2** Hacemos bolitas colocando en el centro de cada bolita una avellana (puedes tostar las avellanas un par de minutos en una sartén o unos 8 minutos en el horno).

**3** Derretimos el chocolate, bañamos cada bolita y las rebozamos en almendra picada. Yo añadí nibs de cacao; pon unos poquitos si te gusta el sabor del cacao amargo.

Salen unas 8 o 10 bolitas.

25 g de caramelo de dátiles

30 g de coco rallado o almendra molida

15 g de crema de Limón (receta en La página 55) o una cucharada de zumo de Limón y La cáscara rallada

75 g de crema de NoChocolate blanco o manteca de coco

# Bolitas de Limón

1. Mezcla todos Los ingredientes, haz bolitas y déjalas enfriar.

2. Puedes bañarlas en crema de NoChocolate blanco (receta en La página 53), en manteca de cacao o en manteca de coco. Una vez bañadas, ponlas a enfriar sobre papel de horno; si Lo haces en un plato, se quedarán pegadas al enfriar.

Maca y/o cacao en polvo

Almendra molida
(harina de almendra)

Crema de NoChocolate
blanco

# Trufas de NoChocolateBlanco

**1** Esta receta no tiene cantidades. Ve mezclando cucharadas de la crema de NoChocolate blanco con almendra molida (aproximadamente media cucharada de almendra por cada cucharada de crema de chocolate).

**2** Haz bolitas con la mezcla, rebózalas en polvo de maca o cacao y déjalas enfriar en el frigorífico.

 También puedes prepararlas con la crema de chocolate.

Pizca de vainilla

45 g de manteca de cacao o aceite de coco

50 g de caramelo de dátiles

Opcional: frutos secos picados, cereales inflados o palomitas de maíz

85 g de crema de anacardos tostados (receta en la página 47)

# Bombón de caramelo

**1.** Derrite el aceite o manteca, mézclalo con la crema de anacardos y el caramelo de dátiles, añade la vainilla.

**2.** Añade frutos secos troceados, palomitas de maíz o cereales inflados para darle un toque crujiente.

**3.** Estira la mezcla en un molde, mejor si es de silicona, deja enfriar y corta en porciones cuando esté frío. He utilizado un molde de 8x8 cm y he cortado en 4 porciones.

Cantidades para 4 o 5 personas.

100 g de chocolate negro

Dátiles o caramelo de dátiles

Opcional: frutos secos picados, cereales inflados o palomitas de maíz

75 g de crema de anacardos (receta en la página 47)

# Bombón de anacardos

**1.** Derrite el chocolate y mézclalo con la crema de anacardos, prueba y si quieres un sabor más dulce, añade caramelo de dátiles a tu gusto o bate todo con uno o dos dátiles (mejor si los remojas un rato antes en agua caliente).

**2.** Añade frutos secos troceados, palomitas de maíz o cereales inflados para darle un toque crujiente.

**3.** Estira la mezcla en un molde, mejor si es de silicona, deja enfriar y corta en porciones cuando esté frío. He utilizado un molde de 8x8 cm y he cortado en 4 porciones.

Cantidades para 4 o 5 personas.

# Bombones de brownie

20 g de cacao
en polvo

90 g de frutos secos

Opcional:
pizca de sal,
canela,
maca o
cúrcuma.

40 g de coco
rallado o
copos de avena

80 g de
caramelo
de dátiles

Salen 6 bombones grandes.

**1** Pica los frutos secos; a mí me gusta dejar algunos trozos, pero puedes molerlos del todo. Si utilizas copos de avena, te recomiendo que los tuestes antes en una sartén 3 o 4 minutos y los tritures un poquito.

**2** Junta todos los ingredientes y coloca la mezcla presionando con los dedos en un molde rectangular cubierto con papel de horno. También puedes hacer bolitas o utilizarlo de base para una tarta de 20 cm.

Para la foto de al lado cubrí los bombones con el NoChocolate blanco de la página 67.

Contiene ácidos grasos:
ácido esteárico, ácido
palmítico, ácido mirístico,
ácido araquídico y Láurico.
Excelente para el cuidado
del cabello y la piel,
para evitar la sequedad.

Rica en flavonoides,
magnesio, hierro y otros
minerales, como calcio,
fósforo, cobre, manganeso y,
en menor medida, selenio,
potasio y zinc.

Emoliente, crea una capa
protectora en Los Labios,
muy útil para bloquear los
efectos del frío y del sol.

# Manteca de cacao

Es un excelente remedio
natural para el estreñimiento,
estimula y mejora el
funcionamiento de Los intestinos.

Es una grasa saturada de origen
vegetal, que puede ayudar a prevenir
enfermedades cardiovasculares
gracias a su contenido en polifenoles.

40 g de manteca
de cacao
o manteca de coco

30 g de azúcar
de dátiles
o caramelo
de dátiles

Opcional:
vainilla
y/o una
cucharada
de maca

100 g de manteca de
anacardos o de nueces
de macadamia

# NoChocolate blanco

**1** Derrite la manteca de cacao, mezcla bien con todos los ingredientes y reparte en moldes para bombones.

**2** Si quieres bañar cosas con este chocolate, tendrás que esperar a que se enfríe un poquito, porque es una mezcla muy líquida, o añadir harina de coco o leche en polvo.

La manteca de cacao le da gran parte del sabor a chocolate blanco; si lo haces con aceite de coco también sale, pero no será igual.
Si utilizas caramelo de dátiles, consérvalo en el frigorífico unos 7 días; si utilizas azúcar de dátiles, no es necesario y durará mucho más.
Para derretir de nuevo el chocolate, hazlo poco a poco a una temperatura muy baja porque la manteca de anacardos a mucha temperatura se tuesta.

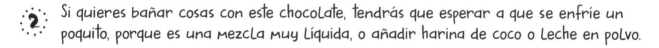

Cantidades para 10 o 12 bombones.

20 g de caramelo de dátiles

40 g de coco rallado

3 o 4 onzas de chocolate

75 g de crema de coco. Enfría la lata para separar la parte más espesa del agua de coco; puedes utilizar el agua para un batido

# Bolitas de ChocoCoco

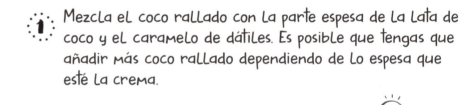

**1** Mezcla el coco rallado con la parte espesa de la lata de coco y el caramelo de dátiles. Es posible que tengas que añadir más coco rallado dependiendo de lo espesa que esté la crema.

**2** Haz bolitas y déjalas enfriar.

**3** Funde el chocolate y baña las bolitas. Es mejor utilizar un tenedor que una cuchara para que escurra bien el chocolate sobrante en el cuenco antes de trasladar la bolita al papel vegetal donde la dejarás enfriar.

Con éstas cantidades salen 10 o 12 bolitas.

Sobras de preparar un litro de bebida vegetal de nueces, avellanas o almendras. Podrías prepararla tambien con almendra molida

Alguna cucharada de caramelo de dátiles

Varias cucharadas de cacao en polvo

# Trufas de chocolate

1. Escurre bien las migas sobrantes de preparar bebida vegetal y estíralas sobre papel de cocina para que este absorba la humedad y queden lo más secas posible.

2. Mezcla la migas con caramelo de dátiles y cacao, ve probando y añade cacao o caramelo hasta que esté a tu gusto y puedas hacer bolitas.

3. Haz bolitas con la mezcla, espolvoréalas con un poquito más de cacao ¡y listas!

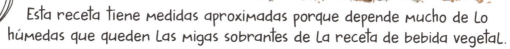

Esta receta tiene medidas aproximadas porque depende mucho de lo húmedas que queden las migas sobrantes de la receta de bebida vegetal.

110 g de caramelo de dátiles

4 o 5 onzas de chocolate

30 g de almendra molida

Una cucharada de aceite de coco.

Frutos secos troceados.

70 g de crema de anacardos

# Bombones rellenos

**1.** Mezcla la almendra molida con 50 g de crema de anacardos y coloca una capa de medio centímetro en la base de cada molde. Yo he utilizado uno de silicona con cavidades de 5x3 cm.

**2.** Reparte por encima los frutos secos troceados, el caramelo de dátiles mezclado con 20 g de crema de anacardos y, si quieres, una pizquita de vainilla. Congela unas 12 horas.

**3.** Derrite el chocolate con el aceite de coco y baña cada bombón.

Con estas cantidades salen 8 bombones grandes.

20 g de aceite de coco o manteca de cacao

8 g de mermelada de fresas o frambuesas (receta en la página 54) o jugo de remolacha cocida, pasados por un colador muy fino. Las de la foto son de frambuesas y remolacha

Varias bolitas de ChocoCoco (página 68), de NoChocoBlanco (página 61) o de bombones de brownie (página 64)

Opcional: palitos de piruleta

# Cobertura de fresa
## para bombones

1. Derrite el aceite de coco y mezcla muy bien con la mermelada o jugo de remolacha, frambuesa o fresa.

2. Moja el extremo de cada palito con esta mezcla y ve pinchando suavemente cada bolita; es mejor si las bolitas están bien frías. Cuando endurezca, baña cada bolita sujetando por el palito; es difícil, pero con cariño y paciencia salen.

También puedes bañar las bolitas sin palito, utilizando un tenedor para que al sacarlas escurra bien la cobertura sobrante. Déjalas enfriar en el frigorífico sobre papel vegetal.

# Horneados
# y esponjosos

# Ingredientes para cupcakes de brownie

25 g de cacao en polvo

1/2 cucharadita de
bicarbonato,
1/2 cucharadita de
polvo de hornear,
pizca de sal y
esencia de vainilla

90 g de plátano bien maduro

45 g de dátiles

15 ml de aceite de oliva

45 ml de agua, leche o bebida vegetal.
Aunque te parezca raro, sale muy rico
con agua porque lleva otros ingredientes
que ya le dan sabor

25 g de harina
Sin gluten: de arroz, de garbanzos,
de quinoa o de avena (funcionan mejor
combinando dos, por ejemplo, de arroz
y de garbanzos).
Con gluten: de trigo o espelta integrales.

# cupcakes de brownie

**1** Mezcla el cacao, con la harina, el polvo de hornear y el bicarbonato en un cuenco.

**2** Bate todos los demás ingredientes juntos hasta que no queden trozos, júntalos con la mezcla anterior y remueve bien.

**3** Reparte la masa en moldes; puedes añadir trocitos de chocolate, frutos secos o colocar por encima nueces para adornar.
Hornea 25 minutos a 150 °C.

Puedes preparar esta receta en moldes individuales para magdalenas, salen 6. Los de la foto son de 7 cm de diámetro. También puedes hacerla en un molde para brownie de 15x15 cm (si lo haces así, déjalo 5 minutos más en el horno).

# Ingredientes para cupcakes de naranja

100 g de harina
Sin gluten: de arroz, de garbanzos,
de quinoa o de avena.
Con gluten:
de trigo o espelta
integrales.

55 ml de zumo de
naranja y la
cascara rallada

80 g de mantequilla,
manteca de coco o
aceite de oliva

5 g de levadura,
pizca de sal

3 huevos o la mezcla de lino
para sustituirlos

85 g de dátiles o
caramelo de dátiles

50 g de almendras o coco rallado

# Cupcakes de naranja

1. Tritura las almendras hasta que se trasformen en migas; tienen que quedar como harina gruesa. También puedes preparar esta receta con almendra molida o coco rallado.

2. Bate los dátiles con los huevos (o la mezcla de lino) y el zumo de naranja hasta que estén bien triturados.

3. Derrite la mantequilla o manteca de coco, también puedes utilizar aceite de oliva, añádela a la mezcla anterior y junta todos los ingredientes removiendo con unas varillas.

4. Reparte la mezcla en moldes para magdalenas. Llénalos hasta un poquito más de la mitad y hornea a 180 °C durante 25 minutos.

Salen 10 magdalenas, un bizcocho en molde circular de 22 cm o dos bases de tarta de 20 cm.

# cupcakes de naranja en microondas

 Los ingredientes son los mismos que para los cupcakes de naranja de la página anterior. Para todas las recetas de microondas es recomendable hacer una prueba, ya que la potencia de los microondas varía mucho. Con la temperatura de los hornos no hace falta.

 Cocina una de las magdalenas en un molde apto para microondas durante 1 minuto y medio. Si aún está cruda, necesita más tiempo; si se quedó dura, seca o se empezó a quemar, las siguientes necesitarán menos tiempo. Así sabrás el tiempo perfecto en tu microondas arriesgando solo una; las demás las puedes preparar de tres en tres.
Recuerda este tiempo para otras veces y haz la prueba si cambias de microondas.

Horno    Microondas

 El resultado en microondas es un cupcake bastante blanquito. Muchas veces las magdalenas crecen desiguales o se inclinan, a veces les aparecen huecos de aire y endurecen más rápido que las hechas en horno, pero son muchísimo más rápidas de preparar.

Horno    Microondas

Ricas en vitamina E, un potente antioxidante, también favorecido por su contenido en flavonoides como la quercetina, un antiinflamatorio utilizado para el tratamiento natural de las alergias.

También tienen vitaminas del grupo B, como la riboflavina o vitamina B2, esencial para la integridad de la piel y las mucosas; resultan imprescindibles para gozar de una buena visión.

# Almendras

Contienen unos 20 g de proteínas por cada 100 g, una buena fuente de aminoácidos esenciales; en una proporción muy buena, al igual que su su contenido en ácidos grasos.

Ricas en ácidos grasos insaturados, potencian el rendimiento intelectual y previenen las pérdidas de memoria y los cambios de humor.

Tienen el doble de calcio que la leche. Además de magnesio, fósforo, manganeso, hierro y zinc.

# Cupcakes rellenos de crema de chocolate

**5 g de polvo de hornear**

**30 g de almendra molida o más harina**

**70 g de crema de chocolate (receta en la página 50)**

**2 huevos o la mezcla de lino para sustituirlos**

**60 g de harina**
Sin gluten: de arroz, de garbanzos, de quinoa o de avena.
Con gluten: de trigo o espelta integrales.

**25 g de caramelo de dátiles**

**25 ml de agua, leche o bebida vegetal**

**20 ml de aceite de oliva o de coco**

Opcional: frutos secos para decorar

**1** Mezcla bien todo menos la crema de chocolate.

**2** Rellena cada molde con una cucharada de masa, una cucharadita de crema de chocolate y otra cucharada de masa, para que el chocolate quede en el centro.

**3** Decora por arriba con algunas gotas de crema de chocolate y almendra picada o el fruto seco que prefieras y hornea a 180 °C durante 20 minutos.

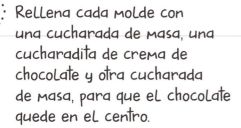

 Salen 4 magdalenas grandes.

10 g de cacao en polvo

100 g de caramelo de dátiles

45 g de crema de avellanas

40 g de harina
Sin gluten: de arroz, de quinoa o de avena.
Con gluten: de trigo o espelta integrales.
6 g de polvo de hornear

Un huevo o La mezcla de Lino para sustituirlo

# Magdalenas de chocolate

**1** Mezcla bien todos Los ingredientes y reparte en moldes de silicona o papel para magdalenas; estos son de 7 cm de diámetro. Decora con frutos secos por encima.

**2** Hornea 15 minutos a 180 °C.

Salen 8 magdalenas.

Una cucharadita de cacao

15 g de caramelo de dátiles

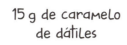

20 g de chocolate

Pizca de vainilla y de sal

Un huevo

10 g de mantequilla o manteca de coco

Bola de helado de vainilla de la página 177.

# Coulant

**1** Enmantequilla el molde, yo he utilizado uno de silicona de 9 cm de diámetro, y espolvorea un poquito de cacao por encima.

**2** Derrite el chocolate con la mantequilla, añade la yema del huevo, el caramelo de dátiles, media cucharadita de cacao, la sal y la vainilla y mezcla bien.

**3** Monta la clara a punto de nieve, añade a la mezcla anterior, remueve suave para que no se baje mucho el punto de nieve.

**4** Hornea 10 minutos a 180 °C.

El tiempo en esta receta es importante y cada horno es diferente. Tendrás que encontrar el tiempo ideal en el tuyo para que quede derretido por dentro; pueden ser 9 minutos o igual necesitas 12.

Es muy dulce, pero una vez cocido o asado, su glucosa no provoca subidas bruscas de insulina.

Es rico en provitamina A, en forma de betacaroteno, esencial para la piel, el desarrollo óseo y la salud visual.
Además es rico en fenoles, flavonoides y proteínas como el glutatión que refuerzan su efecto antioxidante.
También contiene vitaminas C, B6, B5, B1 y B2, manganeso, potasio, cobre y hierro.

# Boniato

Si se cocina a baja temperatura, entre 55 y 70 °C el resultado es más dulce.

Contiene almidón resistente, aunque menos que la patata. Se llama resistente porque resiste a la digestión, tiene efecto prebiótico cuando se cocina y se deja enfriar.

50 g de caramelo de dátiles

100 g de boniato asado

75 g de harina
Sin gluten: de arroz, de quinoa o de avena.
Con gluten: de trigo o espelta integrales.

50 ml de agua, leche o bebida vegetal

Pizca de sal

Vainilla

3 g de polvo de hornear

Opcional: frutos secos

50 g de chocolate negro

# Brownie de chocolate

1. Derrite el chocolate y bate todos los ingredientes hasta que el boniato esté bien triturado.

2. Pon la mezcla en un molde cuadrado, yo he utilizado uno de 20x20 cm de silicona.

3. Hornea a 180 °C durante 25 minutos.

# Ingredientes para el bizcocho de plátano

180 g de avellanas o del fruto seco que prefieras

16 g de dátiles

Cucharadita de canela

5 g de polvo de hornear y pizca de sal

Harina
Sin gluten: 25 g de harina de coco, de avena, de arroz o de garbanzos y 40 g de almidón de yuca o de maicena.
Con gluten: 65 g harina de trigo o de espelta integrales.

200 g de plátano maduro y un trozo más para decorar

40 ml de leche o bebida vegetal

# Bizcocho de plátano

**1** Tritura o pica las avellanas hasta que se transformen en migas.

**2** Bate el plátano con la leche o bebida vegetal y los dátiles hasta que estén bien triturados.

**3** Mezcla todos los ingredientes con el batido de plátanos y dátiles.

**4** Coloca la masa en el molde y decora por encima con un trozo o rodajas de plátano. Hornea a 180 °C durante 50 minutos.

Yo he utilizado un molde rectangular metálico de 20 cm forrado con papel de hornear.

# Ingredientes para el carrot cake

45 g de harina
Sin gluten: de arroz, de garbanzos,
de quinoa o de avena.
Con gluten:
de trigo o
espelta integrales.

75 g de zanahoria rallada

3 g de bicarbonato
3 g de polvo de hornear
Pizca de sal,
cucharadita de: canela,
nuez moscada
y jengibre en polvo

25 g de aceite de oliva
o de coco

50 g de manzana rallada

1 huevo o la mezcla de lino
para sustituirlo

20 g de coco rallado
o almedra molida

40 ml de agua, agua de coco,
leche o bebida vegetal

Un puñado de frutos secos y pasas

55 g de dátiles

# Carrot cake

**1.** Remoja los dátiles unos minutos en el líquido elegido, añade el huevo (o la mezcla de lino) y el aceite y bate bien hasta que los dátiles estén triturados.

**2.** Pica los frutos secos y las pasas, añade todos los ingredientes y mezcla bien.

**3.** Coloca la mezcla en un molde circular de 20 cm y hornea a 180 °C durante 35 minutos.

3 manzanas pequeñas

70 g de caramelo de dátiles

Masa para base de tarta de la página 109

Pasas y frutos secos

# Tarta de manzana

 **1** Prepara la masa, divídela en 6 partes, haz bolitas y estíralas con un rodillo. Si pones la masa entre dos hojas de papel vegetal, no se pegará al rodillo.

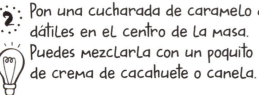 **2** Pon una cucharada de caramelo de dátiles en el centro de la masa. Puedes mezclarla con un poquito de crema de cacahuete o canela.

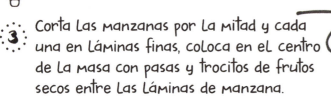 **3** Corta las manzanas por la mitad y cada una en láminas finas, coloca en el centro de la masa con pasas y trocitos de frutos secos entre las láminas de manzana.

 **4** Cierra la masa por los laterales y hornea a 180 °C durante 25 minutos.

# Ingredientes para el roscón de Reyes

275 g de harina de trigo o espelta integrales

50 ml de zumo de naranja, agua, leche o bebida vegetal. La piel de medio limón y de media naranja ralladas, la otra media naranja cortada en rodajitas finas.

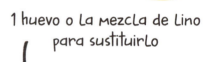

60 g de mantequilla o manteca de coco y 15 g de aceite de oliva o de coco

5 g de levadura seca para pan 2 cucharadas generosas de agua de azahar Pizca de sal

1 huevo o la mezcla de lino para sustituirlo

60 g de caramelo de dátiles

Opcional: 2 cucharadas de miel 2 cucharadas de ron

10 g de almendra laminada y/o coco rallado para decorar

# Explicaciones sobre algunos Ingredientes

La HARINA:

Mejor si es integral.

En el paquete tiene que poner que contiene entre 12 y 14 g de proteína o que lleva un 12 o 14 % de proteína. Si la que tienes lleva menos, puedes utilizar 175 g de esa harina y 90 g de harina de fuerza, esta siempre tiene 12 o 14 g de proteína.

Necesitamos esa proteína para que la levadura funcione bien.

La LEVADURA:

Es importante que sea levadura seca para pan o levadura panadera, no vale la de repostería. Puedes utilizar levadura fresca calculando la proporción que equivale a 5 g de levadura seca, lo pone en el envase.

 Lee las instrucciones de tu levadura, ya que algunas se mezclan con agua y otras se mezclan con harina; si usas de las primeras, sáltate el paso de la masa de arranque.

La GRASA:

Necesitamos una grasa más resistente como la manteca de coco o la mantequilla y otra más líquida como el aceite de oliva o de coco. Puedes utilizar solo aceite de oliva, pero pon menos cantidad, unos 65 o 70 ml.

La MIEL y el RON son opcionales, su misión aquí es dar sabor a la masa; recuerda que el roscón se hace una vez al año y decide si los pones o no.

  EL AGUA DE AZAHAR ya la puedes encontrar en cualquier supermercado. Si no sabes si prepararás muchos roscones, utiliza esta; después si te encanta, puedes comprarla en la farmacia de mucha mejor calidad, pero también bastante más cara. Pídela para uso alimentario, porque se utiliza también para hacer perfumes y es diferente.

# Pasos para preparar el roscón de Reyes

 **1** COMIENZA preparando la masa de arranque mezclando muy bien los 25 g de harina con los 5 g de levadura y los 50 ml de agua templada. Si quema, podría estropear la levadura y si está muy fría, tardará muchísimo en subir.

Espera unos 30 minutos hasta que duplique su tamaño (según la temperatura de la habitación, será más o menos tiempo).

**2** PREPARA LA MASA. Ralla la cáscara de medio limón y de media naranja muy finito, solo la parte de color de la piel, la parte blanca es mejor no incluirla porque da amargor.
Junta el caramelo de dátiles con las cáscaras ralladas, el líquido elegido, la miel, el ron y el agua de azahar en una cazuela a fuego bajo, solo para templarlo.
Añade la grasa elegida y mantén a fuego bajo hasta que se disuelva.
Retira del calor y añade el huevo o la mezcla de lino, removiendo enseguida con varillas.

Cuando baje la temperatura, añade la masa de arranque y el resto de la harina con la pizca de sal y mezcla bien con una espátula durante 5 minutos mínimo. Este sería el PRIMER AMASADO.

Pon masa en un cuenco, tapa con un trapo y deja levar la masa unas 3 horas.
PRIMER LEVADO.

# Pasos para preparar el roscón de Reyes

 **SEGUNDO AMASADO.** Ahora toca amasar con las manos, a no ser que tengas amasadora. Es una masa pegajosa, puedes ponerte un poquito de aceite de oliva en las manos para que se pegue menos, pero sobre todo evita la tentación de añadir harina. Pon dos cucharadas rasas de harina en un cuenco y este es el máximo de harina que puedes añadir, porque agregar mucha harina afectará al resultado.

Amasa con ganas mínimo durante 5 minutos, deja la masa reposar otros 5 minutos y dale forma al roscón directamente sobre la bandeja del horno con papel vegetal.

 Tapa con un trapo. Busca algo para evitar que el trapo toque la masa y deja levar otras 3 horas o toda la noche en el frigorífico si quieres hornearlo para el desayuno. SEGUNDO LEVADO.

# Pasos para preparar el roscón de Reyes

**4** DECORA. Pincela toda la superficie del roscón con huevo batido (opcional) y adórnalo a tu gusto con almendra laminada, rodajas de naranja fresca y/o coco rallado. Gracias al papel vegetal podrás moverlo con tranquilidad sin chafar el levado.

**5** HORNEA. Calienta el horno a 200 °C. Cuando esté a esa temperatura, mete el roscón en la parte central del horno y bájalo a 180 °C, sin aire y con calor arriba y abajo. En la bandeja, pon un vasito, que resista el calor, con agua para que proporcione vapor al horneado.

 En unos 25 minutos estará listo. Si se empieza a dorar muy pronto, se puede abrir el horno, poner encima papel de aluminio y seguir horneando. Con movimiento rápidos, porque no queremos que el horno pierda temperatura.

# Roscón de Reyes

 RELLENO. Espera a que se enfríe bien antes de cortarlo para rellenarlo. Puedes preparar nata, nata vegana (receta en la página 118) o la crema de chocolate de la página 116; además, tienes una receta de chocolate caliente para acompañarlo en la página 33.

Lo ideal es hacerlo y comerlo, porque es una masa que se reseca y endurece enseguida. En cuanto esté frío, envuélvelo con film transparente para que dure más.

 Puedes prepararlo aunque no sea Navidad. Decóralo diferente al roscón tradicional y ponle otro nombre. En verano se hace muchísimo más rápido porque la temperatura es ideal para los levados.

# Mugcake de cacahuete en microondas

Una onza de chocolate troceada

Un huevo
o
15 g de harina de garbanzos mezclada con 25 ml de agua

20 g de caramelo de dátiles

30 g de crema de cacahuete

 Pizca de sal y de vainilla

**1** Mezcla bien todos los ingredientes.

**2** Pon la mezcla en una taza apta para microondas y cocina 1 minuto. Si no está cuajado en el centro, déjalo medio minuto más.

**3** Decora por arriba antes de que se enfríe con algun trozo más de chocolate. Es mejor comerlo antes de que se enfríe del todo.

# Mugcarrotcake
## en microondas

15 g de almendra molida o coco rallado

Canela y una pizca de bicarbonato

15 g de harina de garbanzos mezclada con 25 ml de agua, bebida vegetal, leche o un huevo

Opcional: frutos secos para decorar

60 g de zanahoria rallada

25 g de manzana rallada

1. Mezcla bien todos los ingredientes.

2. Pon la mezcla en una taza apta para microondas y cocina 1 minuto. Si no está cuajado en el centro, déjalo medio minuto más.

3. Decora por arriba con canela y nueces. Es mejor comerlo antes de que se enfríe del todo.

45 g de harina de garbanzos

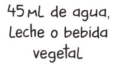

45 mL de agua, Leche o bebida vegetal

Copos de avena y/o semillas

Pizca de sal, especias y una cucharada de aceite

# Panecillo rápido
## en microondas

**1.** Mezcla la harina de garbanzos con el líquido que prefieras, la cucharada de aceite y las especias que más te gusten.

**2.** Estira la masa en un molde apto para microondas, con un grosor de medio centímetro. Si quieres, reparte por encima los copos de avena y las semillas.

**3.** Cocina 1,5 o 2 minutos en el microondas.

No sale igual con otras harinas.

50 g de harina
Sin gluten: de arroz, de quinoa,
de garbanzos o de avena.
Almendra molida.
Con gluten: de espelta
o trigo integrales.

5 ml de aceite

Pizca de sal,
media cucharadita
de bicarbonato

100 g de manzana
rallada

# Panecillo de manzana
## en microondas

**1.** Ralla la manzana y mézclala con los demás ingredientes.

**2.** Reparte la masa en 2 o 3 porciones, haz bolitas con las manos y aplástalas un poco dándoles forma de panecillo redondo.

**3.** Cocina 1,5 o 2 minutos en el microondas u hornea a 180 °C durante 10 minutos.

Añade especias para darle un toque diferente cada vez o una cucharada de crema de cacahuete o frutos secos.

 Puedes hacer el doble de masa y congelarlos abiertos por la mitad para descongelar en la tostadora en 3 minutos.

# Bases para tartas

25 g de dátiles
o caramelo de dátiles

25 g de harina
de coco o de
avena tostada

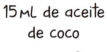

15 ml de aceite
de coco

60 g de almendra
molida

# Base para tartas sin horno

**1** Mezcla todos los ingredientes.

**2** Reparte por la base y los laterales
del molde presionando bien.

**3** Enfría y rellena con la crema
que más te guste.

💡 Antes de empezar, forra el molde
con film por dentro para sacar
la tarta fácilmente.

🥄 Cambia la almendra molida por frutos secos, pipas o semillas trituradas como harina o por
coco rallado y tendrás recetas de base diferentes. Cantidades para un molde de 15 cm.

60 g de dátiles
o caramelo de dátiles

20 g de harina
de coco o de
avena tostada

20 g de cacao
o más harina

70 g de almendra
molida o
coco rallado

# Base de chocolate sin horno

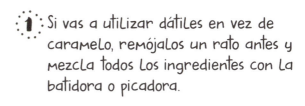

**1** Si vas a utilizar dátiles en vez de caramelo, remójalos un rato antes y mezcla todos los ingredientes con la batidora o picadora.

**2** Reparte por la base y los laterales del molde presionando bien. Si no es lo bastante pegajosa, puedes añadir una cucharadita de aceite o agua.

**3** Rellena con la crema que más te guste.

Cantidades para el fondo y los laterales de un molde de 20 cm. Si el molde no se desmonta como este, cúbrelo con film para poder sacar la base fácilmente.

Muy alto contenido de ácido alfalinolénico, de la familia omega-3, ayuda a corregir la descompensación entre omega-3 y omega-6, que puede provocar inflamación.

Para aprovechar las propiedades de las semillas es necesario molerlas bien.

Contiene Lignanos, compuestos similares a la fibra, beneficiosos para la digestión, y antioxidantes. Y mucílagos, que mezclados con agua forman un gel muy beneficioso para el tracto intestinal.

# Lino

Energético, proporciona vitamina B1, que es esencial para la salud del corazón y del sistema nervioso.

Regula el sistema cardiovascular, su efecto antiinflamatorio ayuda a mantener en buen estado los vasos sanguíneos; además, evita la acumulación de colesterol y triglicéridos.

Si estás embarazada, es recomendable que no consumas más de 4 cucharadas al día.

45 g de harina
Sin gluten: de arroz,
de garbanzos, de quinoa
o de avena.
Con gluten: de trigo
o espelta integrales.

80 g de
coco rallado
o almendra
molida

40 g de
caramelo
de dátiles

15 ml de aceite
de coco u oliva

5 g de semillas
de lino molidas
mezcladas
con 20 ml de agua

# Base de galleta para tartas

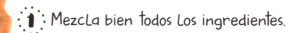

**1** Mezcla bien todos los ingredientes.

**2** Si el molde no se desmonta, cúbrelo con papel de aluminio o de hornear.

**3** Estira la mezcla por la base y los laterales del molde apretando bien.

**4** Hornea 20 minutos a 180 °C y deja enfriar antes de rellenar.

Cantidades para 2 tartaletas de 15 cm o una de 20 cm. Puedes hacer galletas con esta masa.

90 g de harina
Sin gluten: de arroz, de
garbanzos, de quinoa o de avena.
Con gluten: de trigo o
espelta integrales.

5 g de polvo
de hornear
Opcional:
cacao

25 g de
caramelo
de dátiles

2 huevos o la
mezcla de lino
para sustituirlos

20 ml de aceite
de oliva o
de coco

25 ml de agua,
leche o
bebida vegetal

# Base de tarta en microondas

**1.** Mezcla bien todos los ingredientes; si te apetece, puedes añadir una cucharada de cacao.

**2.** Estira la masa en un molde apto para microondas, pon aproximadamente 2 cm de grosor y prepara cada capa por separado.

**3.** Cocina en el microondas 2 minutos, ve mirando y añadiendo 30 segundos más cada vez, hasta que el centro se vea igual que los laterales.
También puedes hacerlo en el horno, 15 minutos por capa a 180 °C.

 Salen dos láminas de bizcocho en un molde de 20x20 cm.

120 g de harina
Sin gluten: de arroz,
de garbanzos, de quinoa
o de avena.
Con gluten: de trigo
o espelta integrales.

60 g de
almendra
molida

30 g de
caramelo
de dátiles

30 ml de aceite
de coco o de oliva

45 ml de agua,
bebida vegetal
o leche

# Base sin molde para tartas

**1** Mezcla todos los ingredientes amasando bien.

**2** Si vas a preparar una tarta como la de manzana de la página 90, rellena antes de hornear.

**3** Si es la base de una tarta, estira en la superficie del molde y por los laterales si la tarta necesita borde alrededor para sujetar la crema.

**4** Hornea 12 minutos a 180 °C. Para la tarta de manzana se hornea despúes.

Puedes hacer galletas con esta masa.

Elevada cantidad de proteínas
y buenas proporciones de
aminoácidos esenciales que
favorecen su asimilación.

Su cultivo
no requiere
plaguicidas
ni fertilizantes.

Rica en minerales como hierro,
magnesio, fósforo, manganeso, zinc,
cobre y potasio. Además contiene
vitaminas B2 y B3.

# Quinoa

Suministra energía de forma
progresiva, lo que la hace ideal
para ejercicios de resistencia,
una virtud potenciada por sus
aminoácidos ramificados.

Su índice
glucémico
es muy bajo.

Es ideal para niños por
digerirse muy bien y porque
contiene arginina, que estimula
la hormona del crecimiento.

120 g de quinoa ya cocida

30 ml de agua

20 g de semillas de lino molidas

# Base de quinoa para tartas

**1.** Mezcla los ingredientes y déjalos reposar unos 10 minutos para que el lino absorba el agua.

**2.** Engrasa el molde, fórralo de papel de aluminio o ponle tiras de papel vegetal para desmoldar fácilmente. El molde de la foto mide 15 cm.

**3.** Reparte bien por la base del molde y por las paredes.

**4.** Hornea 20 minutos a 180 °C.

70 g de harina
Sin gluten: de arroz, de garbanzos, de quinoa o de avena.
Con gluten: de trigo o espelta integrales.

5 g de polvo de hornear

30 g de caramelo de dátiles

2 huevos o la mezcla de lino para sustituirlos

20 g de almendra molida o más harina

25 ML de aceite de oliva o de coco

20 ML de agua, leche o bebida vegetal

# Bizcocho para tarta en capas

**1** Mezcla bien todos los ingredientes.

**2** Estira la masa en un molde circular de 20 cm. Puedes preparar cada capa por separado, horneando la mezcla en dos veces, o puedes hacerlo todo de una vez y cortar después el bizcocho horizontalmente en dos capas.

**3** Hornea 15 minutos a 180 °C si haces las capas por separado o 30 mintutos a 180 °C si haces todo el bizcocho de una vez.

Dale un toque diferente con canela, ralladura de naranja o vainilla.

30 g de harina
Sin gluten: de arroz,
de garbanzos, de quinoa
o de avena (o combinadas).
Con gluten: de trigo
o espelta integrales.

80 g de
remolacha
cocida

20 g de cacao
en polvo

40 g de
dátiles

15 ml de aceite
de oliva

1/2 cucharadita
de bicarbonato,
1/2 cucharadita de
polvo de hornear,
pizca de sal y
esencia de vainilla

30 ml de agua,
leche o bebida vegetal.

# Base de brownie para tartas

1. Mezcla el cacao, con la harina, el polvo
de hornear y el bicarbonato en un cuenco.

2. Bate todos los demás ingredientes hasta que
no queden trozos, júntalos con la mezcla
anterior y remueve bien.

3. Reparte la masa en un molde de 20 cm
y hornea 25 minutos a 150 °C.

# Cremas para cupcakes y tartas

40 g de caramelo de dátiles

30 g de manteca de coco

20 g de cacao en polvo

220 g de crema de coco, queso crema o queso mascarpone

# Crema de chocolate
## para tartas y cupcakes

Si vas a utilizar crema de coco, enfría la lata al menos un día en el frigorífico para que se separe bien la parte espesa, la que queremos para esta receta, del agua de coco que puedes utilizar para preparar un batido.

Mezcla bien todos los ingredientes. Lo ideal es dejarla enfriar unas horas antes de ponerla en la manga pastelera.

Pon más cacao si te gusta el sabor intenso.

En la foto de al lado tienes una tarta rellena y cubierta con esta crema. Las instrucciones para prepararla están en la página 75.

Dura 4 o 5 días preparada.

30 g de caramelo de dátiles. Para esta receta es mejor hacer el caramelo con pasas rubias, por el color del resultado.

35 g de manteca de cacao, pizca de vainilla.

100 g de crema de anacardos

130 mL de leche de coco espesa

# Nata vegana
## para tartas y cupcakes

**1** Enfría la lata al menos un día en el frigorífico para que se separe bien la parte espesa; cuanto más consigas separarla de la parte líquida, mejor será el resultado.

**2** Mezcla bien todos los ingredientes y deja que la nata se enfríe unas horas antes de rellenar una tarta.

Puedes utilizar dátiles remojados y batirlos con el coco.

Esta es la base de brownie de la página 113.

Dura 4 o 5 días preparada.

20 g de caramelo de dátiles

55 g de frambuesas

10 g de remolacha deshidratada en polvo. Puedes no echársela, pero el color no será tan intenso

250 g de crema de coco, queso crema o queso mascarpone

# Crema de frambuesas
## para tartas y cupcakes

**1.** Prepara un jarabe de frambuesas. En una cazuela, aplástalas con un tenedor y calienta durante 10 o 15 minutos para que suelten líquido y se evapore parte del agua. Cuélalo con un colador finito. Puedes saltar este paso poniendo 40 g de mermelada de la página 54.

**2.** Mezcla bien todos los ingredientes y déjala enfriar unas horas en el frigorífico antes de ponerla en la manga pastelera.

Dura 4 o 5 días preparada. La receta de estas magdalenas está en la página 82.
Salen 6 u 8 cupcakes, depende de la cantidad que pongas.

75 g de plátano,
mejor si no está demasiado maduro, así
será un poquito más espesa la crema

75 g de crema
de cacahuete

# Crema de plátano y cacahuete
## para tartas y cupcakes

 **1** Mezcla bien los ingredientes
con la batidora o chafando
el plátano con un tenedor.

 Prueba a preparar esta crema
con plátano congelado.

Si quieres rellenar tartas con
esta crema, utiliza una crema de
cacahuete que sea muy espesa o
hazla en casa (las envasadas son
más líquidas).

 Esta base de chocolate
es la de la página 113.

50 g de caramelo de dátiles

Una cucharada de zumo de lima y la cáscara rallada

100 g de crema de anacardos

30 g de manteca de coco

# Crema para tartas carrot cake

**1** Mezcla bien todos los ingredientes, prueba la crema y si quieres, añade más zumo de lima o caramelo de dátiles.

La cantidad es para cubrir la parte de arriba de una tarta de 20 cm. Si quieres rellenar la tarta haz el doble de crema.

Dura 6 o 7 días preparada.

50 g de dátiles
o caramelo
de dátiles

130 g de
plátano

60 ml de zumo de
naranja y la cáscara
rallada

Opcional: Leche
o bebida
vegetal

160 g
de chocolate

90 g de crema
de coco espesa
(la de lata), queso
crema o mascarpone,
o más plátano

# Tarta de chocolate

**1.** Remoja los dátiles en el zumo 5 minutos y bate bien con el plátano.

**2.** Añade a la mezcla la crema de coco, la cáscara de naranja rallada y el chocolate derretido. Puedes sustituir la crema de coco por más plátano.

**3.** Pon la mezcla en un molde de 20 cm sobre la base que más te guste y deja enfriar la tarta 2 o 3 horas.

Esta es la base crujiente con almendras, coco rallado y pipas de calabaza. La receta está en la página 104.

120 g de boniato asado

Caramelo de dátiles a tu gusto

Vainilla, pizca de sal

40 g de chocolate

30 mL de agua, bebida vegetal o leche

# Tarta de chocolate y boniato

**1** Prepara la base de tarta que más te guste. Esta es la base sin horno de la página 104.

**2** Derrite el chocolate, bate bien todos los ingredientes juntos y añade caramelo de dátiles hasta que esté a tu gusto.

**3** Estira la mezcla sobre la base, deja enfriar y decora, por ejemplo, con hilos de chocolate.

Cantidades para un molde de 15 cm. Puedes añadir crema de cacahuete o de algún fruto seco.

110 g de boniato asado

Caramelo de dátiles a tu gusto

Vainilla o canela

35 g de crema de frutos secos, yo la hice casera con nueces Pecán

25 ml de agua, bebida vegetal o leche

# Tarta de boniato y frutos secos

**1** Prepara la base de tarta que más te guste. Esta es la base horneada de la página 107.

**2** Bate bien todos los ingredientes juntos y añade caramelo de dátiles si al probarlo decides que necesitas más dulzor.

**3** Estira la mezcla sobre la base, decórala a tu gusto y deja enfriar unas horas.

Cantidades para un molde de 15 cm.

Opcional: caramelo de dátiles

200 g de crema de coco espesa (la de lata) o queso crema. Recuerda que de la crema de coco necesitamos separar bien la parte espesa del agua de coco. Para eso enfría la lata mínimo un día en el frigorífico.

120 g de crema de NoChocolate blanco (receta en la página 53), y 90 g más para la capa de arriba

# Tarta de NoChocolate blanco

1. Mezcla todos los ingredientes, prueba y corrige a tu gusto añadiendo más crema de NoChocolate blanco si te apetece.

2. Coloca en el molde sobre la base que has preparado antes, deja enfriar media hora en el frigorífico.

3. Como ya habrá endurecido un poquito la capa de crema, estira otra capa de NoChocolate blanco por encima y deja enfriar todo junto mínimo 2 o 3 horas.

 Una idea para otra tarta es poner una capa de crema de limón y otra capa de crema de NoChocolate blanco. Deja enfriar media hora la primera capa antes de poner la segunda.

75 g de caramelo de dátiles

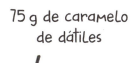

200 g de aguacate

110 g de crema de coco espesa (la de lata), queso crema, mascarpone o crema de anacardos

15 o 20 g de matcha (té verde)

# Pasteles de matcha

**1** Mezcla todos los ingredientes con la batidora.

Como el matcha es muy amargo, puedes poner menos cantidad y probar el sabor de la mezcla antes de decidir si lo añades todo o no.

**2** Coloca en el molde sobre la base que hayas elegido y preparado antes. Para esta he utilizado la receta de los bombones de brownie de la página 64.

**3** Deja enfriar bien unas 2 o 3 horas.

Sale una tarta cuadrada de 20x20 cm que puedes cortar en 8 porciones.

400 g de crema de NoChocolate blanco

50 mL de aceite de coco

400 g de la crema de aguacate y matcha de la tarta anterior

5 o 10 g de matcha (té verde)

# Tartitas de matcha

1. Elige una base de tarta sin horno y reparte un poquito en la base de cada molde.

2. Pon una capa de crema de NoChocolate blanco en cada molde y deja enfriar.

3. Pon otra capa de crema de aguacate y matcha y deja enfriar.

La capa de arriba es aceite de coco derretido con una cucharada de matcha. Ponla solo si te gusta mucho el matcha.

Salen unas 6 tartitas de 120 g. Yo las he preparado en moldes de silicona para magdalenas grandes.

Entre sus grasas predominan las monoinsaturadas, como el ácido oleico, y las poliinsaturadas, como el ácido linoleico.

Regulan el tránsito intestinal por su alto contenido en fibra.

Fuente de minerales como calcio, fósforo, magnesio y manganeso, indispensables para el crecimiento, muy recomendables para los niños y para mujeres embarazadas o lactantes, porque aportan ácido fólico que favorece el desarrollo adecuado del sistema nervioso del feto.

# Avellanas

Las proteínas que contienen son de muy buena calidad por su elevada proporción de arginina, aminoácido que contribuye al buen funcionamiento del sistema cardiovascular.

Por su riqueza en minerales, ayudan a prevenir la osteoporosis.

Por su riqueza nutritiva y energética, son geniales para deportistas y estudiantes.

160 g de tofu

120 g de dátiles

90 g de crema
de avellanas

200 mL de leche de
coco espesa
(la de lata),
queso crema o
mascarpone

# Tarta de frutos secos y tofu

Puedes hervir antes el tofu unos 10 minutos para una mejor digestión.

**1.** Prepara la base de tarta que más te guste. Esta es la crujiente con cacao de la página 105; también podrías utilizar la receta de los bombones de brownie de la página 64.

**2.** Bate bien todos los ingredientes juntos, estira la mezcla sobre la base y deja enfriar.

**3.** Decora a tu gusto.

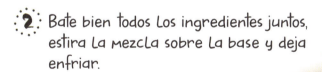

Molde de 20 cm.

90 g de caramelo de dátiles

25 mL de aceite de coco

200 g de crema de coco espesa (la de lata) o queso crema

150 g de crema Lemon curd (tienes la receta en la página 55), y 90 g más para la capa de arriba

# Tarta de Limón

Si vas a utilizar crema de coco, enfría la lata al menos un día en el frigorífico, para que se separe bien la parte espesa, que queremos para esta receta, del agua de coco que puedes utilizar para preparar un bizcocho o un batido.

**1** Mezcla todos los ingredientes, prueba y corrige a tu gusto añadiendo más crema de limón o caramelo de dátiles.

**2** Coloca en el molde sobre la base que hayas elegido y preparado antes. Esta es la base de tarta sin horno con pipas en vez de almendra molida. Deja enfriar media hora.

**3** Como ya habrá endurecido un poquito la capa de crema, estira la capa de limón por encima y deja enfriar todo junto mínimo 2 o 3 horas.

Otra idea para preparar tarta de limón es hacer la base de la página 107 y rellenarla con la crema lemon curd mezclada con gelatina o agar-agar.

160 g de fresas, alguna más para decorar

Vainilla, una cucharadita de vinagre (acentúa el sabor de las fresas)

260 g de nata vegana (la receta está en la página 118). Puedes prepararla también con queso crema o mascarpone, pero ya no será vegana

40 ml de aceite de coco o mantequila

# Tarta de fresas

**1.** Bate las fresas con el vinagre, el aceite de coco, la vainilla y algun dátil si quieres más dulzor. Coloca esta mezcla en el centro de un molde sobre la base de tarta que hayas elegido. Yo puse un aro de menor tamaño que el molde y dejé enfriar la mezcla una hora. Guarda un poquito, si quieres, para decorar por encima la tarta.

**2.** Rellena el molde cubriendo la capa de fresas con la receta de nata vegana y deja enfriar de nuevo unas horas antes de retirar el molde. Las tartas siempre están más ricas si las preparas el día anterior, y además el molde saldrá mejor.

**3.** Decora con la crema de fresas que habías guardado (la puedes calentar un poquito para que gotee por los laterales) y con fresas.

# Tarta de varios pisos. Comenzamos:

**1** Prepara el bizcocho y la crema de relleno el día anterior o varias horas antes para que estén bien fríos. Necesitamos una crema muy resistente, así que si utilizas coco para prepararla, es muy importante el paso de separar bien la parte espesa del agua de coco.

Este bizcocho lo hice en microondas con la receta de la página 112, con harina de arroz y bebida vegetal en vez de zumo. Cociné cada capa por separado porque es más sencillo así que preparar un bizcocho alto y cortar en capas.

Lo ideal es repartir la crema con manga pastelera; si no tienes, puedes utilizar una bolsa de congelar cortando una esquina.

**2** Rellena con crema y/o fruta.
Si quieres poner fruta, hazlo en el centro y la crema, que es más resistente, en los bordes.

# Pasos para montar tartas de varios pisos

**3** Monta las capas: amontona los pisos apretando suavemente para que queden unidos y nivelados. Date prisa en este paso para que no se derrita la crema.

Ve girando cada bizcocho para encontrar la mejor forma de encajarlos, ya que a veces las capas son desiguales, sobre todo si las haces en el microondas.

Puedes utilizar unos palillos de brocheta para atravesar desde arriba toda la tarta, que las capas se queden en su sitio y no deslicen. Enfría por lo menos una hora antes de pasar al siguiente paso.

# Tarta de varios pisos. Cobertura:

**4** Cubre la tarta por los laterales y por arriba. Se echan dos o tres capas, dejándolas enfriar una hora entre una y otra; nadie consigue dejarla perfectamente lisa con una sola pasada. El ingrediente más importante de esta receta es la paciencia: si pones un poquito, te saldrá bien.

Antes de empezar, reparte la crema en 2 cuencos, uno para las primeras capas y otro para la capa final. No las mezcles, ya que en la primera capa el bizcocho puede soltar miguitas que nos estropearían el resultado final.

Con una espátula o cuchillo de untar ancho recubre todos los laterales de la tarta con crema; ve rellenando los agujeros, igualando y sujetando las migas del bizcocho. No tiene que quedar lisa ni perfecta, eso lo intentaremos con las siguientes capas.

**5** Enfría bien y repite con la segunda capa y la tercera. Es mejor poner 3 capas finas que dos muy gruesas; si pones una capa muy gruesa, te costará mucho manejarla.

# Tarta de varios pisos

 Las tartas pequeñas son más sencillas de montar. Empieza por una pequeña; con pocas capas ya la verás alta. Esta mide 15 cm de diámetro; para conseguir que una de 22 cm se vea alta necesitarás 5 bizcochos.

**6** Decora a tu gusto con fruta, chocolate derretido, virutas de chocolate, algunas bolitas o bombones e incluso flores. Quedará preciosa.

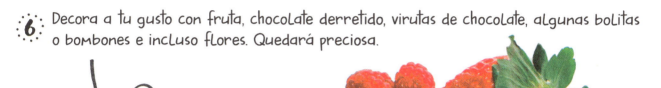

# Galletas

Fuente de calcio, magnesio,
fósforo, cobre, manganeso
y hierro.
Contiene también potasio, zinc,
selenio, silicio y boro y es rico
en vitaminas importantes para el
sistema nervioso y en ácido fólico.

Resulta ligeramente
laxante y sus
mucílagos protegen
la flora intestinal.

Alto contenido en lípidos,
como el ácido oleico y el
ácido linoleico, y en omega-6,
que junto con la lecitina son
muy útiles para reducir
los niveles de colesterol y
la concentración de triglicéridos
y reducen la presión arterial.

# sésamo

Ayuda a atenuar la osteoporosis,
la debilidad ósea o la pérdida de
cabello.

Remineralizante y energético
para el sistema muscular y el nervioso.

# Galletas de Limón

90 g de harina
Sin gluten: de arroz, de coco, de garbanzos, de quinoa o de avena.
Con gluten: de trigo o espelta integrales.

Una cucharada de zumo de limón, cáscara rallada.

60 g de tahin

30 g de dátiles deshidratados pulverizados

20 g de semillas de sésamo

25 ml de aceite de oliva

**1** Mezcla todos los ingredientes. Si es necesario, añade una cucharada de agua o más zumo de limón, si te gusta mucho, y da forma a las galletas de una en una.

**2** Hornea 12 minutos a 180 °C.

Salen unas 12 o 15 depende del tamaño.
Puedes cambiar el limón por naranja y poner caramelo de dátiles; prepáralo con el zumo y no pongas zumo ni agua al hacer la receta.

# Galletas de avena

70 g de almendra molida, coco rallado o copos de avena

Opcional: vainilla

25 ml de aceite de oliva o de coco

Media cucharadita de bicarbonato

Una cucharada de agua, leche o bebida vegetal

100 g de harina
Sin gluten: de arroz, de garbanzos, de quinoa o de avena.
Con gluten: de trigo o espelta integrales.

40 g de dátiles deshidratados pulverizados

**1.** Mezcla todos los ingredientes, estira la masa entre papel vegetal y corta las galletas a mano o con un cortador.

**2.** Hornea 12 minutos a 180°C.

Salen unas 10 dependiendo del tamaño. Para la foto de al lado monté capas de nata vegana y galletas.

# Galletas chocochips

90 g de almendra molida

Opcional: chips de chocolate, pasas o frutos secos.

50 ml de aceite de oliva o de coco

Media cucharadita de bicarbonato

30 g de dátiles deshidratados pulverizados

90 g de harina
Sin gluten: de arroz, de coco, de garbanzos, de quinoa o de avena.
Con gluten: de trigo o espelta integrales.

Una cucharada de agua, leche o bebida vegetal

**1** Mezcla todos los ingredientes y haz las galletas dándoles forma una a una con las manos.

**2** Hornea 12 minutos a 180 °C.

 Salen unas 12 dependiendo del tamaño. Puedes intercambiar la harina por otras o la almendra molida por coco rallado o copos de avena; tendrás un montón de galletas diferentes con una misma receta.

# Galletas sin harinas

40 g de almendra molida, coco rallado o copos de avena

10 ml de aceite de oliva o de coco

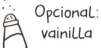

Opcional: vainilla

25 g de dátiles deshidratados pulverizados

30 ml de agua, leche o bebida vegetal

7 g de semillas de lino y/o chía

**1** Mezcla bien todos los ingredientes y dale forma a las galletas.

**2** Hornea 15 minutos a 180 °C, dales la vuelta y hornea 5 minutos más.
También salen cocinándolas 1,5 minutos en el microondas.

Su composición de grasas,
La proporción entre omega-3
y omega-6, está muy bien
equilibrada; efecto protector
frente a Las enfermedades
cardiovasculares.

Efecto antiinflamatorio,
ayudan en casos de asma,
artritis o enfermedades
de La piel como La psoriasis.

Previenen La aparición
de cálculos biliares.

# Nueces

Antioxidantes, retrasan o reducen
enfermedades neurodegenerativas
como el párkinson o el alzhéimer.

Aportan proteínas, un alto porcentaje de
vitamina E, vitaminas del grupo B,
minerales y oligoelementos como fósforo,
magnesio, zinc, manganeso, hierro y cobre.

# Galletas de nueces

Un huevo
o la mezcla de
lino para sustituirlo

40 g de dátiles
deshidratados
pulverizados

40 ml de
aceite de oliva
o de coco

Opcional:
vainilla

25 g de nueces
molidas y 15 g
de nueces troceadas

25 g de harina
Sin gluten: de arroz, de
coco, de garbanzos,
de quinoa o de avena.
Con gluten: de trigo
o espelta integrales.

**1** Mezcla todos los
ingredientes y haz
las galletas dándoles
forma una a una con las manos.

**2** Hornea 12 minutos a 180 °C o 1,5 minutos en el microondas.

Salen unas 10 dependiendo
del tamaño.

Les he puesto por encima
el NoChocolate blanco
de la página 67.

75 g de dátiles pulverizados

Dos claras de huevo

Media cucharadita de sal.

40 g de nueces en trocitos

15 g de almendra molida

15 g de cacao en polvo

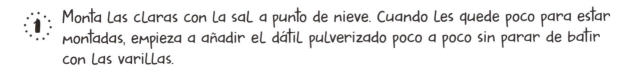

# Choconueces

1. Monta las claras con la sal a punto de nieve. Cuando les quede poco para estar montadas, empieza a añadir el dátil pulverizado poco a poco sin parar de batir con las varillas.

2. Para de batir y añade el cacao, la almendra molida y las nueces, mezclando con una espátula de forma muy suave, con mucho amor, para que no se bajen las claras. Coloca porciones de la mezcla en la bandeja del horno sobre papel vegetal.

3. Hornea 10 minutos a 150 °C, baja la temperatura a 100 °C y, sin abrir el horno, déjalas 30 minutos más para que se deshidraten y estén bien crujientes. Apaga el horno y espera 15 minutos más antes de sacarlas.

Esta receta requiere paciencia, pero merece la pena esperar.

8 o 10 galletas de avena (receta en la página 144).

30 ml de aceite de coco o mantequilla

150 g de mermelada (receta en la página 54), sin las semillas de chía, o fresas trituradas

100 g de chocolate negro

Opcional: caramelo de dátiles a tu gusto

# Galletas rellenas

**1** Mezcla la mermelada o las fresas trituradas con el caramelo de dátiles y el aceite de coco y deja enfriar media hora en el frigorífico.

**2** Coloca encima de cada galleta una cucharada de la mezcla anterior y congélalas mínimo 3 horas en un táper, separadas para que no se peguen unas a otras.

**3** Baña las galletas congeladas en chocolate colocándolas en una rejilla y vertiendo el chocolate derretido por encima. Coloca un papel vegetal debajo de la rejilla y métalo en el frigorífico para recuperar fácilmente el chocolate sobrante.

En esta receta puedes cambiar la mermelada de fresa por la de la fruta que más te guste.

45 g de harina
Sin gluten: de arroz
de garbanzos, de
quinoa o de avena
Con gluten:
de trigo o
espelta integrales

Media
cucharita
de
bicarbonato

12 ml de
aceite
de oliva
o de coco

50 g de sobras
de preparar bebida
vegetal o almendra
molida

Un huevo
o la mezcla
de lino para
sustituirlo

65 g de
caramelo
de dátiles

# Galletas de almendra

**1** Mezcla bien todos los ingredientes. Si las sobras de la bebida vegetal están muy húmedas, es posible que necesites más harina; lo ideal es que las escurras bien y las dejes secar sobre papel absorbente antes de empezar.

**2** Haz la forma de las galletas con las manos. Hornea 15 minutos a 180 °C, dales la vuelta y hornea 5 minutos más. Si las preparas con almendra molida, hornea solo 12 minutos.

Estas son gotas del NoChocolate blanco (receta en la página 67). Pónselas encima nada más sacarlas del horno; con el calor de la galleta se derriten y quedan pegadas.

Salen 10 o 12 galletas dependiendo del tamaño que las hagas.

Una cucharadita de canela, una pizca de sal y media de bicarbonato

15 g de crema de avellanas, almendras o cacahuete

50 g de almendra molida o la harina que prefieras

45 g de dátiles o caramelo de dátiles

# Galletas de canela

**1** Si vas a utilizar dátiles, ponlos a remojo unos 10 minutos, escurre y bátelos bien con los demás ingredientes. Si las haces con caramelo solo, mezcla todos los ingredientes.

**2** Estira la masa con un rodillo colocándola entre dos papeles vegetales para que no se pegue y corta las galletas, o dales la forma que quieras a mano sin estirar.

**3** Hornea 12 minutos a 180 °C. Cuanto más finitas las hagas, más crujientes serán, pero vigila el horno para que no se quemen.

 Salen 8 o 10 galletas dependiendo del tamaño que las hagas.

180 g de plátano

3 g de polvo de hornear

Un huevo o la mezcla de lino para sustituirlo

120 g de crema de cacahuete

20 g de almendra molida, harina o cacao

50 g de dátiles

# BizGalletas

**1** Bate bien todos los ingredientes. Puedes añadir despúes unos trocitos de frutos secos o nibs de cacao si quieres que tengan algo crujiente.

**2** Reparte cucharadas de la masa en la bandeja del horno sobre papel vegetal tratando de que sean circulares y más o menos del mismo tamaño, sobre todo si las vas a rellenar.

**3** Hornea 15 minutos a 180 °C.

Estas están rellenas del helado de vainilla de la página 177, pero puedes rellenarlas superrápido y que queden bien ricas mezclando caramelo de dátiles y cacao a tu gusto.

Salen 8 o 10 bizgalletas dependiendo del tamaño que las hagas. Son blanditas, su nombre viene de sumar bizcocho y galleta.

# Galletas de soja

85 g de harina
Sin gluten: de arroz, de garbanzos, de quinoa o de avena.
Con gluten: de trigo o espelta integrales.

20 g de crema de cacahuete

Especias y semillas

Media cucharadita de bicarbonato

65 g de almendra molida

30 ml de salsa de soja

20 ml de agua

15 ml de aceite de oliva

**1** Mezcla todos los ingredientes menos el agua; ve añadiéndola cucharadas hasta que la masa sea manejable para hacer panecillos, pequeños, para comer de uno o dos mordiscos.

**2** Hornea 15 minutos a 180 °C.

Puedes cambiar el cacahuete por tahín.

Salen unos 15 o 20 dependiendo del tamaño.

# Galletas saladas

70 g de
pipas y semillas
picadas o trituradas

25 ml de
aceite de oliva

40 ml de
agua,
sal y
especias..

90 g de
harina

Media cucharadita
de bicarbonato

10 g de
levadura
nutricional
o más harina

**1** Mezcla todos los ingredientes, estira la masa bien finita y corta las galletas.

**2** Hornea 12 minutos a 180 °C, gíralas y hornea otros 10 minutos hasta que empiecen a dorarse.

# Postres en vasito y helados

Opcional:
caramelo de dátiles,
mermelada, granola,
al gusto

125 g de yogur natural
lácteo o vegetal,
sin azúcar ni edulcorantes

800 g de crema de coco espesa
(la de lata)

 Para esta receta los ingredientes son importantes. Asegúrate de que la leche de coco no lleve ningún aditivo, solo coco y agua (puede contener goma guar pero mejor si no la tiene). Al elegir el yogur, que solo tenga leche o bebida vegetal y fermentos lácticos o veganos.

# Yogur de Coco

 Si tienes yogurtera, sigue sus instrucciones cambiando la leche por leche de coco.

Si no tienes yogurtera:
Calienta el horno a 150 °C unos 15 minutos y apágalo. Calienta la leche de coco a 45 °C; si no tienes termómetro, comprueba con el dedo que está caliente pero que no quema (mejor templado que demasiado caliente).

Mezcla con el yogur en un tarro cerrado, envuélvelo con un trapo y colócalo dentro del horno apagado pero caliente. Si es posible, mantén la luz del horno encendida. Tendrá que estar guardado en el horno 12 horas; si te gusta más ácido, puedes dejarlo alguna hora más.

Enfría en el frigorífico unas horas y estará listo.

 Salen 8 vasitos de 100 ml. Es un yogur bastante líquido. Dura 1 semana en el frigorífico.

50 g de dátiles remojados o caramelo de dátiles

Pizca de sal y un poquito de vainilla

130 g de boniato asado

90 g de crema de coco o queso mascarpone, y un poco más para decorar.

15 g de cacao en polvo

Opcional: 20 g de manteca de avellanas

# Copa de chocolate

Si utilizas crema de coco, enfría la lata unas horas para separar el agua de coco. Puedes utilizarla para un batido o como parte líquida en las recetas de bizcocho.

**1** Bate bien todos los ingredientes juntos. Puedes adaptar las cantidades a tu gusto.

**2** Reparte la mezcla de chocolate en vasitos, déjalos enfriar un par de horas y añade una capa de crema de coco o mascarpone por encima.

Puedes preparar esta receta con calabaza asada si lo prefieres.

Salen 3 copas de 100 mL, depende de lo que las llenes. Dura 1 semana en un tarro cerrado en el frigorífico.

45 g de caramelo de dátiles

Opcional: 15 ml de aceite de coco

100 g de crema de coco espesa (la de lata) o queso crema

75 g de crema lemon curd (tienes la receta en la página 55) y 45 g más para la capa de arriba

# Vasitos de Limón

**1** Si quieres, reparte en el fondo de los vasitos los ingredientes de la base de tarta sin horno.

**2** Mezcla todos los ingredientes, prueba y corrige a tu gusto añadiendo más crema de limón o caramelo de dátiles si te apetece.

**3** Coloca la crema en el molde y deja enfriar media hora antes de añadir la capa de limón por encima. Deja enfriar todo junto mínimo 2 o 3 horas.

Para hacerlos como en la foto, añade el aceite de coco opcional y utiliza moldes de silicona para magdalenas de 7 cm de diámetro. Cuando lleven 2 o 3 horas en el frigorífico, ponlos 20 minutos en el congelador antes de desmoldar.

Salen 4 vasitos.

40 g de caramelo de dátiles

3 magdalenas, bizcocho o granola

Media cucharadita de café soluble

60 g de nata vegana (receta en la página 118) o nata montada

Una cucharadita de cacao en polvo

# Vasitos de tiramisú

**1** Mezcla el caramelo de dátiles con la media cucharadita de café, o más si quieres.

**2** Dentro del vasito, ve alternado capas de migas de bizcocho, caramelo de café y nata.

**3** Termina con una capa de nata y espolvorea por encima un poquito de cacao justo antes de comerlo.

Esta receta también se puede preparar con matcha.

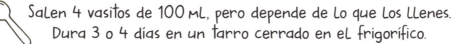

Salen 4 vasitos de 100 ml, pero depende de lo que los llenes.
Dura 3 o 4 días en un tarro cerrado en el frigorífico.

Opcional: caramelo de dátiles a tu gusto

200 g de fresas y/o frambuesas

Opcional: una cucharadita de remolacha en polvo (página 166)

300 g de crema de coco espesa (la de lata), queso crema o mascarpone.

# Vasitos de fresa y frambuesa

Si utilizas crema de coco, enfría la lata unas horas para separar la crema espesa que necesitamos para esta receta del agua de coco; puedes usar esta para un batido o como parte líquida en las recetas de bizcocho.

Bate bien todos los ingredientes juntos, reparte la mezcla en vasitos, déjalos enfriar un par de horas y añade trozos de fruta por encima para decorar.

Prepara 2 mezclas, una con más fresas y otra con menos: obtendrás dos tonos de rosa que puedes colocar haciendo capas en los vasitos.

Salen 4 vasitos de 100 ml. Dura 1 semana en un tarro cerrado en el frigorífico.

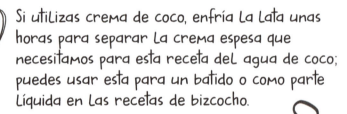

Opcional: mermelada y/o crema de NoChocolate blanco

50 g de copos de avena y 25 g de almendra molida o más avena

40 ml de caramelo de dátiles

12 ml de aceite de oliva o de coco

150 g de frutos rojos

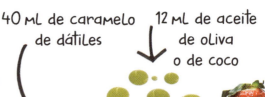

# Vasitos de crumble

**1.** Reparte en el fondo de unos vasitos aptos para horno una cucharada de mermelada, sola o mezclada con un poco de crema de NoChocolate blanco; si lo prefieres, puedes usar caramelo de dátiles. Estos vasitos miden 7 cm de diámetro.

**2.** Coloca por encima la fruta troceada.

**3.** Mezcla la avena con el caramelo de dátiles y el aceite de coco, remueve bien y reparte cucharadas por encima de la fruta.

**4.** Hornea unos 15 o 20 minutos a 180 °C hasta que el crumble tenga un tono dorado.

Salen 4 vasitos. Lo ideal es comerlo aún templado y si lo acampañas de una bolita del helado de vainilla de la página 177, será tu postre favorito.

40 g de caramelo de dátiles

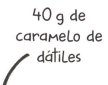

20 g de granola o bizcocho desmigado

Un plátano

70 g de nata vegana, yogur de coco (recetas en las páginas 118 y 162, respectivamente) o nata montada

# Vasitos de plátano

**1** Mezcla el caramelo de dátiles con 15 g de la nata, nata vegana o yogur de coco.

**2** Dentro del vasito, ve alternando capas de granola, caramelo y rodajas de plátano.

**3** Termina con una capa de nata..

 Salen 2 vasitos de 100 ml, depende de lo que los llenes. Dura 2 o 3 días en un tarro cerrado en el frigorífico.

169

Opcional: caramelo de dátiles

50 g de manteca de almendras

Una cucharadita de vainilla, café soluble, matcha o cacao

200 g de papaya o caqui

Un puñadito de chips crujientes

# Vasitos de nonatillas

1. Elige si quieres que tenga sabor a cacao, café, matcha o solo a vainilla, que ya está muy rico.

2. Bate bien los ingredientes, reparte en vasitos y enfría unas 2 horas.

3. Decora en el momento de comerlo con una capa de chips crujientes.

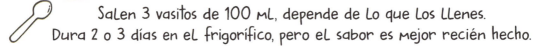

Salen 3 vasitos de 100 mL, depende de lo que los llenes.
Dura 2 o 3 días en el frigorífico, pero el sabor es mejor recién hecho.

# Chips crujientes

65 g de semillas de lino molidas

80 g de almendra molida o del fruto seco que prefieras

Canela o cacao

80 ml de leche, agua o bebida vegetal

35 g de dátiles

1. Remoja los dátiles en el líquido 10 minutos y bate bien.

2. Mezcla todos los ingredientes y deja reposar la mezcla 20 minutos.

3. Estira muy finito con un rodillo poniendo la masa entre dos papeles de horno, o haz bolitas.

4. Hornea 12 o 15 minutos a 180 °C vigilando que no se tueste mucho. Rómpelo en mil trocitos.

Sobras de preparar un litro de bebida vegetal o almendra molida

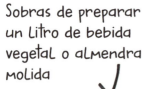

15 ml de aceite de coco

Opcional: 20 g de quinoa inflada

80 g de copos de avena

60 g de caramelo de dátiles

30 g de frutos secos troceados

# Granola crujiente

1. Mezcla bien todos los ingredientes, menos los frutos secos troceados.

2. Estira la mezcla en la bandeja del horno y hornea 10 minutos a 150 ˚C.

3. Añade los frutos secos, remueve bien y hornea 5 o 10 minutos más.

En esta receta puedes cambiar las cantidades y los ingredientes a tu gusto: el aceite puede ser de oliva y para endulzar también sale rica con miel.

200 g de sandía

80 g de fresas y/o frambuesas

45 g de plátano

75 g de aguacate

Gelatina neutra o agar-agar para 250 mL

Un chorrito de leche o bebida vegetal

# Vasitos de sandía y fresas

**1.** Bate el plátano con el aguacate o tritúralos con un tenedor, y pon una capa en el fondo del vaso. Congela mínimo media hora.

**2.** Vierte un chorrito de leche o bebida vegetal sobre el aguacate y congela de nuevo.

**3.** Bate bien 150 g de sandía con las fresas y/o frambuesas, añade los otros 50 g de sandía troceados y el agar-agar o gelatina siguiendo las instrucciones del envase (la gelatina se suele remojar en agua fría y disolver en 3 cucharadas de la mezcla caliente; el agar-agar tiene que hervir, hazlo con un tercio de la mezcla batida). Coloca sobre las otras capas y enfría en el frigorífico unas horas.

Salen 4 vasitos de 100 g y duran 3 o 4 días en el frigorífico.

80 g de fresas y/o frambuesas

45 g de plátano

Un chorrito de Leche o bebida vegetal

75 g de aguacate

200 g de sandía

# Helados de sandía y frambuesas

**1.** Bate bien 150 g de sandía con Las fresas y/o frambuesas y rellena Las poleras, pero no hasta arriba. Congela 40 minutos.

**2.** Coloca el palo y vierte un chorrito de Leche o bebida vegetal en cada polera encima de La sandía. Congela 30 minutos.

**3.** Bate el plátano con el aguacate o tritúraLos con un tenedor, y pon una última capa en cada polera. Congela varias horas antes de desmoldarLos.

 Salen 8 polos pequeños, de 55 g.

Opcional:
hojas de menta,
albahaca, clavo,
cúrcuma, canela,
pimienta, cayena,
sal y/o vainilla.
Dale tu toque
personal.

30 g de
caramelo
de dátiles

35 g de frutos secos
o crema de frutos
secos

Una cucharada de
cacao en polvo

Un plátano
(aproximadamente
75 g)

# Helado de chocolate

**1:** Congela el plátano, mejor cortado en rodajitas de medio centímetro de grosor para que la batidora no se estropee.

**2:** Bate todos los ingredientes juntos. Puedes comerlo al momento o ponerlo media hora en el congelador si lo quieres más helado.

Si tienes máquina de hacer helado, no es necesario congelar el plátano.

Si quieres hacer para varias veces, lo ideal es poner la mezcla en moldes para helado individuales.

Salen 3 bolas de helado de 45 g.

65 g de caramelo de dátiles o pasas. Esta receta sale muy rica con caramelo de pasas.

140 g de leche de coco espesa, queso crema, yogur o plátano

Opcional: pizca de sal, vainilla, maca, chips de chocolate

70 g de crema de anacardos, anacardos enteros o nueces de macadamia

# Helado de vainilla

**1** Bate todos los ingredientes juntos, excepto los chips de chocolate que, si quieres ponerlos, se añaden al final.

**2** Si tienes máquina de helado, utilízala. Si no tienes, pon la mezcla media hora en el congelador en un táper bien cerrado.

**3** Haz bolitas con dos cucharas o con una cuchara para helado y congela las bolitas ya hechas en otro táper, separadas entre sí con papel vegetal, listas para sacar y comer. Si congelas el táper lleno, se endurece mucho y es difícil después sacar porciones.

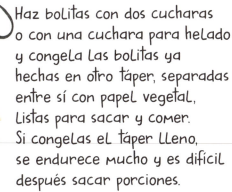

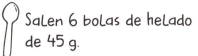

Salen 6 bolas de helado de 45 g.

EL cacahuete es una
Legumbre, es una de
Las mejores fuentes
de proteínas vegetales y
es rico en arginina.

Contiene vitamina B3 y
niacina, que mejoran La
salud de Las neuronas
y La memoria.

Rico en ácido fólico y
manganeso, mineral que ayuda a
metabolizar hidratos de carbono y
grasas; además está implicado en La
absorción de calcio y ayuda a
regular los niveles de azúcar.

# cacahuete

Es rico en triptófano, aminoácido
esencial para producir serotonina,
neurotransmisor que estabiliza
el estado de ánimo y
ayuda a conciliar el sueño.

Está incluido en La Lista de alimentos
que más reacciones alérgicas producen,
pero son muy interesantes en una dieta
sana por su aporte de proteínas y su
concentración de nutrientes.

40 g de caramelo de dátiles

45 g de crema de cacahuete, y un poco más para cubrirlos

100 g de plátano

Opcional: vainilla y un puñadito de cacahuetes para decorar

# Helado de cacahuete

**1** Bate bien todos los ingredientes juntos.

**2** Reparte en moldes de polo y congela mínimo 12 horas antes de hacer el siguiente paso.

**3** Baña cada helado en crema de cacahuete, decora con trocitos de cacahuete y guarda en un táper en el congelador.

 Puedes preparar esta receta con la manteca de fruto seco que más te guste.

 Salen 4 helados de 45 g. Este molde es para helado tipo magnum pequeño.

30 g de caramelo de dátiles

Pizca de sal y un poquito de vainilla

110 g de boniato asado

30 g de crema de anacardos o de NoChocolate blanco (recetas en las páginas 47 y 53, respectivamente)

15 g de cacao en polvo

# Helado de choboniato

1. Bate bien todos los ingredientes juntos.

2. Reparte en moldes y congela varias horas.

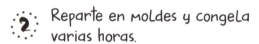

 Si tienes máquina de hacer helado, también quedará genial.

 Puedes cambiar la crema de anacardos por leche de coco espesa, queso crema o yogur.

 Salen 4 helados de 45 g.

# Helados de tres sabores

**1** Elige una base entre todas las recetas de helados. →

**2** Elige el sabor de la capa interior; crema de frutos secos, mermelada (receta en página 54) o caramelo de dátiles (receta en página 45). Baña cada helado y enfría unas 12 horas.

Utiliza un vaso estrecho, donde quepa el helado completo (más alto que el de la imagen; queda bien para la foto, pero se cae la mitad del caramelo de dátiles por fuera).

**3** Derrite unas onzas de chocolate con una cucharada de aceite de oliva o coco y dales el último baño.

Guárdalos en el congelador en un táper con papel vegetal para que no se peguen.

El consumo habitual de café mejora la conexión neuronal del hipocampo, relacionado con la memoria. Muy recomendable frente al alzhéimer, ya que la cafeína lucha contra el deterioro cognitivo.

Regula el estrés y evita que derive en depresión bloqueando los receptores de dopamina; si este neurotransmisor está sobreexcitado, hay riesgo de padecer depresión.

# café

Rico en vitamina B, fósforo, calcio, hierro y magnesio.

Alto contenido de antioxidantes capaces de hacer frente al envejecimiento prematuro y que contribuyen al mantenimiento de una piel tersa, elástica y joven.

Su consumo moderado ayuda a reducir dolores de cabeza y dolor tensional de cuello y hombros por estrés o sobrecarga muscular, y reduce el riesgo de sufrir dolor articular.

Opcional: caramelo de dátiles

Una cucharada de café soluble

60 ml de leche de coco espesa, queso crema, yogur o crema de anacardos

120 g de plátano

# Helado de café

**1** Bate juntos todos los ingredientes y congela una hora en un táper.

**2** Saca del congelador. Como la mezcla ya estará espesa, haz bolas con una cuchara de helado y congélalas en un táper separadas por papel vegetal, así después puedes ir sacando de una en una.

Estas son las galletas de avena de la página 144, pero también son geniales las bizgalletas de la página 156 para rellenar con helado.

Puedes poner trocitos de galleta o migas de bizcocho.

 Salen 4 helados si haces bolas de 50 g.

Opcional: caramelo de dátiles

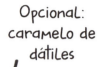

80 ml de leche de coco espesa, queso crema o yogur

100 g de mango y 60 g más para bañar los helados despues

Opcional: vainilla y un chorrito de lima

# Helado de mango

**1** Bate bien todos los ingredientes juntos, menos los 60 g de mango que son para bañar los helados después.
Prueba la mezcla y añade caramelo de dátiles si necesitas más dulzor.

**2** Reparte en moldes de polo y congela mínimo 12 horas antes de hacer el siguiente paso.

**3** Bate bien los 60 g de mango y baña cada helado; yo los bañé 2 veces pero los guardé en un táper en el congelador 30 minutos entre un baño y otro.

 Puedes preparar esta receta con otras frutas.

 Salen 4 helados en este molde para helado tipo magnum pequeño.

Opcional: caramelo de dátiles

50 mL de Leche de coco espesa, queso crema, yogur o zumo de naranja (intensifica el sabor de Las fresas)

130 g de fresas

# Helado de fresas

Si utilizas Leche de coco espesa, queso o yogur, el helado será más cremoso; si pones zumo de naranja, el resultado será más de polo de hielo.

**1** Bate bien las fresas con el Líquido que prefieras y añade caramelo de dátiles si necesitas más dulzor.

**2** Reparte en moldes de polo y congela mínimo 12 horas.

**3** Puedes preparar esta receta con otras frutas.

 Salen 4 helados de 45 g.

A mis seguidores de Instagram, los que llevan conmigo desde el principio, los que preparan las recetas, los que dan ideas geniales y experimentan, los que acaban de llegar, los que se han convertido en amigos, por animarme siempre a seguir adelante.

A mis amigos, son los que mejor saben toda la historia, el trabajo y el tiempo que hay detrás de este libro. Me han animado, ayudado, enviado energía e ideas de recetas, sin cansarse de que muchas veces yo solo hablara de mi libro.

A Yaiza y Saúl, por confiar en mí desde el primer día, casi más que yo misma, y por ser un impulso para dedicarme a esto que me encanta.

A mi familia, que desde siempre ha fomentado mi lado creativo.
A los papás, que les preocupa este cambio de profesión pero han seguido cada paso y han sido los primeros en ver el libro e ilusionarse con el.
A mi hermano, que aunque es más pequeño, parece el hermano mayor por cómo me cuida, orienta y aconseja. Es de las pocas personas que desde el principio creyó que esto podría salir bien.
Y a los tíos, que me regalaron las primeras pinturas y un caballete, la primera cámara de fotos y hasta me fabrican moldes para cortar galletas con el diseño exacto que yo imagino.

A ti, por haber elegido este entre tantísimos libros geniales de cocina.

# Gracias

# índice de recetas

**BEBIDAS VEGETALES**
Bebida de frutos secos activados, 28-29
Bebida de anacardos, 30
Bebida de coco, 32
Chocolate cremoso, 33
Bebida de quinoa, 35
Bebida dorada, 37
Matcha latte, 39
Remolacha latte, 41

**CREMAS Y MANTECAS**
Caramelo de dátiles, 45
Crema de anacardos, 47
Manteca de coco, 49
Crema de chocolate, 50
Crema de NoChocolate blanco, 53
Mermelada de fresas, 54
Lemon curd, 55

**BOMBONES Y CAPRICHOS**
Bombones de avellana, 59
Bolitas de limón, 60
Trufas de NoChocolateBlanco, 61
Bombón de caramelo, 62
Bombón de anacardos, 63
Bombones de brownie, 64
NoChocolate blanco, 67
Bolitas de ChocoCoco, 68
Trufas de chocolate, 69

Bombones rellenos, 70
Cobertura de fresa para bombones, 71

**HORNEADOS Y ESPONJOSOS**
Cupcakes de brownie, 74-75
Cupcakes de naranja, 76-77
Cupcakes de naranja en microondas, 78
Cupcakes rellenos de crema de chocolate, 81
Magdalenas de chocolate, 82
Coulant, 83
Brownie de chocolate, 85
Bizcocho de plátano, 86-87
Carrot cake, 88-89
Tarta de manzana, 90
Roscón de Reyes, 92-97
Mugcake de cacahuete en microondas, 98
MugCarrotCake en microondas, 99
Panecillo rápido en microondas, 100
Panecillo de manzana en microondas, 101

**BASES PARA TARTAS**
Base para tartas sin horno, 104
Base de chocolate sin horno, 105
Base de galleta para tartas, 107
Base de tarta en microondas, 108
Base sin molde para tartas, 109
Base de quinoa para tartas, 111
Bizcocho para tarta en capas, 112
Base de brownie para tartas, 113

**CREMAS PARA CUPCAKES Y TARTAS**
Crema de chocolate, 116
Nata vegana, 118
Crema de frambuesas, 119
Crema de plátano y cacahuete, 120
Crema para tartas carrot cake, 121

Tarta de chocolate, 122
Tarta de chocolate y boniato, 124
Tarta de boniato y frutos secos, 125
Tarta de NoChocolate blanco, 126
Pasteles de matcha, 127
Tartitas de matcha, 128
Tarta de frutos secos y tofu, 131
Tarta de limón, 132
Tarta de fresas, 134
Tarta de varios pisos, 136-139

## GALLETAS

Galletas de limón, 143
Galletas de avena, 144
Galletas ChocoChips, 146
Galletas sin harinas, 147
Galletas de nueces, 149
ChocoNueces, 150
Galletas rellenas, 152
Galletas de almendra, 154
Galletas de canela, 155
BizGalletas, 156
Galletas de soja , 158
Galletas saladas, 159

## POSTRES EN VASITO Y HELADOS

Yogur de coco, 162
Copa de chocolate, 163
Vasitos de limón, 164
Vasitos de tiramisú, 165
Vasitos de fresa y frambuesa, 166
Vasitos de crumble, 168
Vasitos de plátano, 169
Vasitos de NoNatillas, 170
Chips crujientes, 171
Granola crujiente, 172
Vasitos de sandía y fresas, 174
Helados de sandía y frambuesas, 175
Helado de chocolate, 176
Helado de vainilla, 177
Helado de cacahuete, 179
Helado de ChoBoniato, 180
Helados de tres sabores, 181
Helado de café, 183
Helado de mango, 184
Helado de fresas, 185

# Ingredientes principales

**DÁTILES**
página 44

**CANELA**
página 34

**ANACARDOS**
página 46

**CÚRCUMA**
página 36

**COCO**
página 48

**MATCHA**
página 38

**MACA**
página 52

**REMOLACHA**
página 40

**CACAO**
página 58

## MANTECA DE CACAO
página 66

## AVELLANAS
página 130

## ALMENDRAS
página 80

## SÉSAMO
página 142

## BONIATO
página 84

## NUECES
página 148

## LINO
página 106

## CACAHUETE
página 178

## QUINOA
página 110

## CAFÉ
página 182